明公啟示錄

解密禪宗心法
《六祖壇經》般若品之三

范明公——著

開卷語

一、此套心法，已於文字之中灌頂巨大加持之力量。

二、只須堅信不疑，恭敬讀誦即可獲無上力量之加持。

三、讀誦之時，身心有不同程度的感應實屬正常，乃感應
　　交道之現象。

四、信奉受持此書文字，即可獲得強大息災、轉運、袪病、
　　富貴、滿願之增上緣。

五、信奉受持此書，於現實中必有諸多神蹟示現。

目錄

第十三章

摩訶般若波羅蜜

布施起修破毒欲

第一節

心向彼岸破五毒修六度
貪念我執捨中破布施起

前面兩冊清楚講解了何謂摩訶般若大智慧，我們越來越明白，真正的大智慧要心行而非口念，真正實現圓滿到彼岸要行離境觀照之修心正道。現在，我們開始從接下來的《六祖壇經》中最重要的一句話，展開解讀佛祖授予我們的修行正法。

【善知識！摩訶般若波羅蜜，最尊最上最第一，無住無往亦無來，三世諸佛從中出。】這是一段偈子，既是對前面幾段描述的總結，也是對根本核心的歸納，非常的重要。再次強調「摩訶般若波羅蜜」的重要性，重要到什麼程度？「三世諸佛從中出」。重要到這種程度，所有的佛都是從摩訶般若波羅蜜當中出來的，所以摩訶般若波羅蜜也被稱為「佛之母」，是生佛的所在，佛都是從此處生出來的。離了這個修不成佛，這個是修佛的根本，這個就稱為「最尊最上最第一」，即是最重要、最尊貴、最上乘的境界。

其實，整部《金剛經》就是在解讀這一句話——摩訶

般若波羅蜜。波羅蜜即是到彼岸，也可以稱之為「度」，即度彼岸，怎麼度？是有修行方法的。前面講的放下分別、離境、找到我的清淨心，自然我的本性流露、智慧流出，這即是大智慧現前，心量廣大的般若大智慧，能夠度我們到彼岸。那麼除了這個還有沒有修行方法呢？其實，佛祖已經給我們找到了修行的正法，找到了如何修波羅蜜。修行的正法，其實也稱為「六波羅蜜」，也叫六度。度即是度眾生、度彼岸。

那我們藉由什麼方法，能夠達到這種大智慧流露、清淨心、亦即是離境的狀態呢？現在我們在世間怎麼修呢？難道只是平時放下分別，我們就只修觀照嗎？這是修本體。我們無法一下做到這一點，達不到修本體的境界程度，那怎麼辦呢？我們為什麼做不到呢？因為有很多的業障在障礙著，我想把心安在當下卻安不了，被過去生生世世的業力所牽引，我這顆心總是被牽扯過去，即是迷於內境。然後，我的眼耳鼻舌身總是在感知著外境，外面有聲音立刻就被吸引過去，心就跑了；外面一出現色彩的變化，馬上又會被吸引過去，心又跟著跑了。其實這都是「業」。

我們如何能夠一點一點的把心安於當下，能使心從內境和外境之中一點一點脫離出來？這是需要力量的，要打

破所謂的煩惱六塵。這就需要修六度，也稱為六波羅蜜，也即是為了達到彼岸，佛祖教給我們的修行方法。

所謂六度，第一布施，第二持戒，第三忍辱，第四精進，第五禪定，第六智慧般若。那麼，布施、持戒、忍辱、精進、禪定，這些都是有形、有相、有為的修法，即前面五度是有針對性的，對治五種內心的障礙、內心的業障，即是佛祖給我們的五個方法。第六度叫做智慧，即是圓滿度，亦即波羅蜜多，這一度即是圓滿，即是究竟。

前五度是助行，是為了得到波羅蜜，即大智慧。有了智慧，修行就到彼岸。六度當中五度是助行，第六度智慧般若是本體。為了達到大智慧到彼岸、大智慧生起，一定要修好前五度。修好前五度的助行，也就是能使我的心逐漸清淨下來、穩定下來、安在當下，然後第六度，即是我放下分別、離境。前幾冊講了很多如何修第六度大智慧，講如何能夠生成、生起大智慧的過程，所講的是最尊最上最第一，是最高的境界、最圓滿的境界、最究竟的境界。但是，我還不能一下達到這個狀態、境界怎麼辦？那得從何起修呢？我就得從前五度開始起修。

心中不忘修般若大智慧，然而不忘是不忘，但我現在還修不成、修不了，我心中還有幾大障礙控制不了。如果

不把這幾大障礙破除掉，我的心就安不下來，我想放下是非但放不下，我想內離內境、外離外境，還放不下離不了。所以，真正修佛法要想起修，在現實中就是從這五度開始起修。第一從哪裏開始？第一先修布施。

修布施，布施是什麼意思？其實，布施即是捨。我們為什麼要捨呢？捨對治的是我們的貪心。所謂障礙我們圓滿、障礙我們清淨、障礙我們佛性，最重要的是五毒，五毒當中還有三毒是更重要的。哪三毒呢？貪、嗔、癡，這三毒是最大的障礙。而五毒即是貪、嗔、癡、慢、疑，這是障礙我們成佛作祖，障礙我們修行最大的五座大山，而且就在我們眼前，就在我們周圍，層層疊疊將我們完全困在當中，我們往前一步都走不了，更不要說成佛了，根本到不了彼岸。

貪嗔癡慢疑五座大山，層層將我們壓在此岸，想走一步剛一抬腿，貪心突然生起，就立刻讓我止步，走不動；貪心剛息，再一抬腿，嗔怒開始起來，嫉妒導致嗔怒，怒火中燒，火燒功德林，再想修行根本就修不了；還想往前走，癡心就起來了，愚癡、執著之心，愛我、我愛之心，放不下、捨不得，這個心就生起來了，根本一步都走不了；繼續想往前走，我慢之心陡然而起，一座大山擋在眼前，

誰也看不上，甚至認為佛祖都不如我，這樣就被隔在當下，就壓在煩惱痛苦中；再往前抬腿邁步，馬上疑心生起，疑心即是懷疑、質疑，這樣對嗎？是這麼回事嗎？往前走不會是騙我嗎？這些都是人的本性當中，生生世世以來，我們在現實中形成的慣性所導致的，我們內心中的五大障礙，即是五毒。

那怎麼破這五毒？佛法當中有對治的方法。五毒當中第一毒就是貪。為何會貪？因為有個「我」存在，我執固執，我執強烈，就有貪心，這就是我！因為有了我，就有一個歸屬，還有誰歸屬於我，而我歸屬於誰，這都是貪。貪只存在於有情眾生之中。佛將世間萬物分為兩類，一類是無情眾生，一類是有情眾生。無情眾生有其形，但僅是一個形在那兒，有成住敗空，只有生理活動即是形，但是沒有精神活動與形相應，即沒有我執，沒有我的概念。例如一塊石頭、一張桌子，都沒有我的概念。

有情眾生則是既有形，有生理的活動，又有精神活動，有我的概念。當有了我的概念時，有了我執以後，眼睛就向外看，哪些是我的？我又是誰的？就會要找歸屬感，同時掌握的資源越多，我的越多我就越安全，這就是從人的本性當中來的，是非常深的，這就稱之為貪。五欲中的貪

欲是最難破的，貪這個障礙也是五毒當中最難破、最難轉化的。

　　要想修行，必須從五毒下手，否則你清淨不下來。但是在現實當中，我們的五欲其實是越多越好，即是在現實中要財色名食睡，越多越好，不就是這樣嗎？我們在現實中爭取什麼？所謂現實的圓滿是什麼？財，財富資產越多越好；色，喜歡我的、我擁有的美女或者帥哥越多越好；名，美名越大越好；食，美味的佳餚越多越好，吃不完享不盡，天天鮑魚、魚翅才好；睡，最好能夠天天睡到自然醒，沒睡醒就叫醒我太難受了，怎麼能讓我多睡一點。這就是財色名食睡五欲。

　　沉迷於五欲，就是貪心大起，我們如何能夠修解脫？為了這個貪，為了得到五欲，不斷深陷在五欲中，越陷越深，越來越墮落，怎麼可能昇華？所以，真正修佛法，一定要先從出離心修起，一定要從斷離捨修起，先有斷心，有離心，有捨心。斷什麼、離什麼、捨什麼？斷五毒，離五欲，捨貪心。

　　要想修佛法，要想昇華，要想人的心靈境界圓滿，首先破貪念。貪念怎麼破？就得從捨上破。能捨即是能布施，其實練的是我看透了世間萬相皆是虛妄，我不以此為真，

不以五欲為真，不以財為真。財是假象，不是越多越好，不是用完就沒了，一定要無盡的索取，破掉這個，就從捨上破貪欲。財的本義是什麼，本性是什麼？財僅僅是工具而已，僅是工具就不是越多越好。有財不是錯，財多也不是錯；執著於財，沉迷於財就是錯，那樣就把我們帶向了所謂貪的深淵，越來越墮落。還有的人是鐵公雞、守財奴，那他就成了財的奴隸，也就是看不透財的真相，生不帶來，死不帶去，他看不透。把巨大的財富留給兒子，為什麼？因為兒子是自己生命的延續，那就相當於留給自己。然而，把財留給自己的子孫，也是貪的一種表現而已。我的東西要延續下去，兒子是我的，財富是我的，要在我的子孫當中不斷延續下去。這就是貪之毒，是最大的毒。如何破貪之毒？就得從布施上去破。捨得嗎？

有人疑問：「老師，這究竟嗎？這不就有是有非了嗎？那不就是說捨得就是對，不捨得就不對嗎？」

是的，要想修到無形、無相、無是、無非，必須得先從有形、有相、有是、有非開始修起，一點一點的破。無形、無相、無是、無非，這是理，是一個目標，是一個方向。但不可能忽然間就放下，直接做到無是無非，巨大的貪欲在那裏，那是生生世世以來形成的慣性。為什麼貪？因為

有我，有我執，我執著於我，我要生存，我要繁衍，我掌握的資源越多就越好，就越安全。其實，貪也是我的安全感、歸屬感的呈現。

越貪的人越恐懼。為什麼會像無底洞一樣的貪呢？有的貪官都貪了幾十億了，還得貪，非得要上百億、要上千億，為什麼？這一生難道還不夠用嗎？夠了！但是在他心裏不夠，他恐懼、他害怕，有錢才能給他安全感，他的歸屬感和安全感建立在巨大的財富上。如果沒有掌控巨大的財富，他的心就是恐懼的。為什麼掌握錢才有歸屬感呢？掌握人可以嗎？人不能給他安全感，而錢一定都會聽他的，他想怎麼用錢就怎麼用，他想買房子，就能買房子，他想買什麼車，就能買什麼車。而人不一樣，人不一定會聽他的話，還可能會害他。所以，錢在世人的眼中是最安全、最可靠的一個媒介、工具。世人要想貪，都先從財上貪。我的弟子、學生們，在問他們有什麼願望的時候，問他們最想要什麼，基本上百分之八九十都是說我要財富。

這是為什麼呢？因為我們覺得有財富就有了一切，有財富就有幸福。想要美女，美女就能跟我，不跟就花錢砸，十萬不跟就百萬，砸一億肯定就跟了，這就是財富帶來所謂的安全感、歸屬感，或者叫控制欲，實現自己的控制。

而我們修行，首先要對治的就是這個貪，其實對治的就是我執，就是我固有的、深深認同的、有個我是獨立的個體，而我就是指皮膚內的這個我，這就是我。真正的破貪之毒，破的是一個深層的觀念，就是要破除那個固執的我，執著中最執著、最固執的就是我執，然後才是法執，法執是執著於外境內境，執著於除了我之外的一切，所以一定是先有我執，我執也是最固執的執著。

先破貪、破我執，從哪裏破？就是從布施中破。布施，基本上有三種：第一是財布施，第二是法布施，第三是無畏布施。財布施，我們就清楚了，我們要捨財，就是當我有了一定財力的情況下，對那些更需要財富的人，我有意的去幫助。為什麼要這樣有意的，把我好不容易賺到的財富，拿出去幫助別人呢？這其實就是在修斷離捨。

獲得財富不是罪，沒有問題。但是你不能一味為了自己獲得財富，為了自己的享受、自己的墮落、自己的奢華，去獲得財富，這樣你就成了財富的奴隸，這樣培養的就是貪，你會越來越貪，最後獲得財富的過程就是一個無底洞，你的一生都會被財富所牽引，你就是為了賺錢而活著，為了賺到巨大的財富不斷墮落。到最後，如果你在死的時候，還放不下這個貪心，你的果報就是下地獄，最後你就變成

了餓鬼。

有人不理解，「老師，怎麼能變成餓鬼呢？既然生前賺了那麼多錢，而且那麼會賺錢，怎麼會變成餓鬼呢？」

事實上，餓鬼並不是吃不飽或者沒飯吃，而是吃多少都不滿足、都吃不飽。這個意思就是，你的貪心形成一個無底洞，給你塞多少食物都吃不飽、都覺著餓。現在這個世界，絕大多數人賺錢時的那個狀態，不就是餓鬼態嗎？看見錢就拼命的上，不擇手段的蜂擁而上，現實中哪兒有賺錢的項目，大家一下都衝過去，拚命往前搶，不就是一群餓鬼在爭食嗎？就算爭到了、搶到了一部分，吃進去還不夠，還要去爭更大的再吃，其實根本就吃不飽，因為這就是一個無底洞。

凡夫迷人被財富牽引，被這個假象迷了，不是讓財富為我所用，財富不是我的工具，不是我救苦救難的工具，不是我實現大願的工具，而我成了財富的奴隸。悟者一定是先看透財富的本質，取之於社會，最後用之於社會。一定讓財富流轉起來，越流轉福德就越多，福報就越大。

第二節

無相布施最高境界
福德圓滿成大自在

釋迦牟尼佛祖佛怎麼修成的？佛祖就是從布施中來的。佛祖本身福報大不大？福德大不大？佛祖自己有一句話，說：「我的福德是世間最大的，我的福德是最圓滿的。」對於佛祖來講，他有無盡的財富，這是他的福報、他的福德。這個福報、福德是從哪裏來的？其實就是生生世世斷離捨，捨財、布施而來，布施得福報，布施得福德，都是他積累而來的，積累的福德、福報越大，他所獲得的財富就越多，然後他又用更大的財富去布施。他在破我執的過程中，在修行的過程中，又不斷的積累自己的福德，即福報與功德，然後逐漸圓滿。

雖然理上說，放下分別就是佛，關鍵是你怎麼放下分別？那是一個修的過程。你連貪心都放不下，怎麼能放下分別呢？你拼命的去賺錢、要財富，你覺得有財富就安全，覺得有財富就好，沒有財富就不好。

所謂貧賤夫妻百事哀，兩人感情再好，如果生活貧困，孩子上學交不起錢，整天都是柴米油鹽那些瑣事，兩個人

還有什麼感情，就為了孩子、為了瑣事、為了看病，天天吵天天不開心，這就是貧賤夫妻百事哀。所以認為有錢就是好，有錢就幸福了。但是後來真的發財時就會發現，一點也沒有改變這種狀態。在豪車裏面哭，在別墅裏上吊，在遊艇裏痛苦的像地獄一樣煎熬的例子太多太多了。錢不是解決一切問題的關鍵，也不是解決一切問題的唯一方法和手段。但是往往眾生都這樣認為，有錢一切問題都能解決。不是的！多少富豪、多少大財閥有了財，沒了幸福、沒了健康、沒了平安，家破人亡，身體垮了，一家的團圓美滿都沒有了。就是因為他心中只有錢。

餓鬼不是在地獄中，也不是在人死後，餓鬼就在現實中，餓鬼就是人。人中就有無數的餓鬼，就在這裏。怎麼破？先從財物上破，即是財布施。有財了可以從金錢上去幫助別人，斷離捨，也可以從物上去幫助別人。

還有法布施，當你掌握智慧，掌握佛法，不斷傳播你的智慧，盡心盡力的傳播你的智慧。

有人沒理解，「老師，這個跟貪又有什麼關係呢？這為什麼也是在戒貪呢？」

因為求不得是一種苦。我們都在求什麼呢？我們不僅求財，我們還求人、求法。求財，是求財富；求人，是求

幸福、求愛戴、求名聲、求美色；我們還求法，人人都想得到宇宙自然發生發展的規律、真諦、真相，這就叫法。

所謂朝聞道夕死可矣，人除了對財、對人之外，對法的嚮往也是人人都有的。你一旦有機會聽聞佛法，遇到明師了，你覺得這可是個寶，就像突然得到一塊巨大的鑽石、一件國寶。國之重器不可示人，你得到以後，不敢讓別人看見，你敢與人分享嗎？根本就不敢，甚至不敢讓別人發現。

得了正法之後，其實也是這種心態，「我遇到明師了，我得到了正法，我要昇華了，我要開始走上修行的正路了。這是我的寶貝，我可不能讓你們知道，你們知道了，比我學得還好，你們就會超越我，這不行。」

這其實也是對法的一種貪。貪無處不在、無事不在，是事事處處都在。其實理解很簡單，我們拿到一個好東西，而別人沒有的時候，都怕別人搶，就會藏起來不讓別人知道。要戒除這種貪，就要先從財上、從物上布施來破除，這是有形的破除，即是有意的去做。當我得到正法以後，我就要做法布施。我要將法拿出來分享，要讓廣大的眾生也都能去學習、領會、傳播正法，同時能夠昇華，這就是法布施。我們如果能做到這一點，也是最大的積功累德，

最大的積福報。不是一定要從財上布施，當然對於有財的人，則首先一定要從財布施上先破對財的捨離之心，然後破對法的捨離之心。而對於沒有財的、自己生活還堪憂的人，首先就可以做法布施。是這樣與人分享，布施出去。

第三是無畏布施。無畏布施是什麼意思？給人以愛心，給人以溫暖，給人以依靠，這即是無畏布施。別人跟你在一起的時候覺得安全、覺得可靠、覺得想依賴，就是在施無畏，亦稱為無畏布施。有人受傷了安慰一下，安靜的坐下傾聽別人的傾訴，說一句暖心的話，這就是無畏布施，這樣是拿出你的時間，拿出你的表情，感同身受，即是施無畏。而不是你這麼做了之後，覺得耽誤了那麼多時間不應該，憑什麼給人當垃圾桶啊，不要有這個心。這都是一種布施，是無畏布施。

當你有財有法的時候，三種布施都要去做，這就是在為我們破除貪，破除我執，這是一種修法。

有人提出疑問，「老師，《金剛經》不是在講，不要有意識的布施嗎？如果無意識的布施，心無所住而布施，無我相、無人相、無眾生相的布施，才是最大的功德。您這麼講，不是讓我們有意的布施嗎？」

對了，就是有意的布施。為什麼呢？你得先從有形來。

《金剛經》中講的無我相、無人相、無眾生相、無壽者相，那種無相布施，是最高境界的布施。那已經到了無形、無相、無為的最高境界，不可能一開始就做到那種最高境界，都是往那兒想、往那兒願。但是很多人既做不到最高境界，又不想做有形的布施，然後就不布施，就等著能夠變成無相布施的時候，所謂心裏一動的時候才布施。結果一輩子你的心都不動一次。

你的貪念，對財富、對物品、對美食、對珠寶、對奢侈品的貪念，牢牢的把你抓住，怎麼可能布施？根本布施不了。說要無相布施，但連有形的布施你都做不到，怎麼可能做到無形的布施呢？所以，任何修行都要從開始之處練起，即是世間修。真正的佛法就是在世間修，我們不要理解錯了，不要理解成所謂的佛法，一開始修就是打坐、禁欲、吃素、念佛，那些也稱為助行，但是佛祖告訴我們，真正修佛法不是從打坐上修，不是從念佛上修，也不是從禁欲上修，禁欲那是戒，真正的佛法一定是先從斷捨離起修，一定是先從布施起修。你能做到嗎？

你學了佛法，學了真功夫，能為眾生捨生忘死、斬妖除魔嗎？這也是一種布施，也是法布施，而又不僅是法布施，是以自己的身家性命去布施。哪個地方大旱、有大災，

精神領域一定都有大的衝突或者有大的妖魔鬼怪，你能夠為眾生捨生忘死，拋棄身家性命去斬妖除魔嗎？這是用自己的生命去布施，是大布施。那點小財都捨不得，那點奢侈品都捨不得，還說自己在修行，你修的是什麼？越修錢賺得越多，你就越墮落。其實，你早就已經現出了餓鬼相，天天就盯著財，天天就盯著錢，不擇手段的往上衝。當你得不到財的時候，就是一種求不得苦，睡不著，煎熬；得到了以後歡欣雀躍，也睡不著，亢奮。你總是睡不著，天天都睡不著，其實你已經是餓鬼了，吃多少都不飽。

求法而不得的時候，也是求不得苦；得到了之後又怕別人發現，怕別人跟自己分享，怕別人也學到。又開始無盡的貪，就是這種狀態，同樣是餓鬼相就會出現。如此，你修佛修成什麼了？修佛不是為了讓你賺更多的錢，而是修得讓你解脫。當然，並不是說修佛就一定很貧困，就一定視金錢如糞土，而是我如何看待財富。修佛之人越修，財富一定越富饒，人生一定越圓滿。修佛之人不會排斥財富，但是他絕不會沉迷於財富，絕不會變成財富的奴隸。我們視金錢如糞土，但是不排斥財富，不把財富視為罪惡。賺錢本身沒有錯，而是看賺到錢以後怎麼用，你是為了賺錢而賺錢，還是為了很好的利用財富，而去掌控財富呢？這是本質的區別，財富是為你所用，還是你為財富所控制

呢？

有的人發了大財了以後，成了菩薩、成了聖人，比如商聖范蠡，三聚其財而三散其財，取之於民用之於民，財富在他手裏就是遊戲而已，那就是圓滿的狀態。那叫做招之即來，揮之即去，財富就是他的工具，他走到哪裏都能做到，不僅自己發財，又能把這些賺錢的技巧、賺錢的技能、賺錢的方法教給當地的百姓，讓大家都能夠賺取更多的財富，讓大家的生活富足。因此范蠡走到哪裏，自己都可以發財，而臨走前會把在這一方水土賺來的巨大財富，布施給當地的眾生，然後再到另外一個地方，挖掘當地的賺錢方法，再帶領當地百姓一起發財，走之前又把積攢的財富布施給當地眾生。范蠡是商聖，是道家的典型代表人物，是修行人中財富觀最正的。他既不排斥財富，不像有些人把財富當成罪惡，把財富當成魔鬼，把財富當成妖魔，又不拒絕財富。財富本身是中性的，關鍵看你如何運用，范蠡就是一個非常好的榜樣。

如果你貪財，是個守財奴，那麼當財富巨大時，對你來講可能就要面臨災難。其實，財富對人可不一定只是安全，好多人有各種的方法想去謀財害命。所以你最大的罪就是擁有了巨大的財富，然後又是鐵公雞一毛不拔，這樣

的人一定富不過三代，因為基本上，即使這樣的人再會賺錢，他的子孫當中一定會出現一個人，把他的財富瞬間敗光，所以富不過三代，指的就是這個意思。他只是會賺錢，不知如何利用財給自己的後世子孫，積累福報、功德、福德，他就只能守著眼前的財，這是不可以的，也是不可取的。後面有生生世世在輪迴，我現在所能賺到的財富是怎麼來的？也是我在前世中，生生世世不斷積累福德而來的，當世現實中我才有機會賺到錢。否則，如果沒有積累，現實中就是削尖腦袋、撞破頭皮你也賺不到錢，就算再不擇手段你也發不了財。

有人說：「老師，不是一切唯心所造嗎？」

是的，那是最高的理，那是調心就轉運。何謂命中有財？就是我心中有財，那就是命中有財。但是你心中為什麼有財？為什麼有的人心中有財，有的人心中無財呢？這還是來自於我們深層的觀念和認知，來自於我們集體的潛意識。我們的集體潛意識，就是我做了好事、行善、布施了，我就有大福報，我就有大功德，這種福報和功德是可以隨著我不斷的輪迴，永遠不離開我的，就在我的輪迴中跟隨著我，哪怕我投生成動物了，都是最有福報的動物。投生成動物還有福報可言嗎？很簡單，外面髒兮兮的野狗

天天吃不飽，和家裏的寵物狗天天吃不完，哪個有福報？現在的小寵物狗，把主人都變成狗奴了，天天抱著、摸著、親著，都是把最好的東西給牠，照顧的無微不至，那不就是福報嘛！人家也是以前生生世世積累的福報。外面的野狗就沒有福報，吃不飽，沒人理，這個踢一腳，那個打一棍，為什麼？就是牠前世把福報都用盡了。不就是這個道理。

你這一世現在有福報，應該怎麼做？你有福報以後，應該幫助更多的人，對更多的人去分享。不是僅僅簡單的分配給大家，你得發個願。你有財富以後，除了自己和家裏正常的支出開銷，可以維持高品質的生活，但是不可以奢靡，不可以有大的浪費。要知道你的福報、財富是有數的，你積累了多少是有數的，不能一生一世就揮霍殆盡，下一世是不是就變成郊外的野狗了，或者下一世變成了乞丐，你想這樣嗎？現實中的財我們帶不走，現實中的金銀珠寶、奢侈品，我們都帶不走，那都是在世間流轉的東西，暫時是你的，後面又會流到別處，你手中的錢也是別處流過來的，都是生不帶來，死不帶去的。然而什麼東西可以帶走呢？就是你積累的福報、功德，那是永遠都跟隨著你的。

所以現實中，當我們碰到危難的時候，突然就有貴人出現，幫我們解除危難，這貴人是哪裏來的？那都是你前世不斷的積累來的，在別人有危難的時候，你救過別人、幫助過別人，你幫了很多人。結果，這一世你面臨危難的時候，就有很多人來幫你。這些都叫功德，這些是可以隨你走的。

有人會說：「老師，我才不在乎呢！一切唯心所造，我要是成佛了，到成佛那一天，什麼善緣、逆緣就都沒了。」

那只是個理。自古以來，除了釋迦牟尼佛祖，還有誰成佛？不還都是在業力當中不斷的輪迴嗎？你如何能成菩薩大自在，何謂大自在？首先就是要福德圓滿。基本的福德都沒有，還要修佛、修菩薩，還要修自在、修解脫，憑什麼啊？你就會被業力、惡業所牽引，處處都是業障，處處都是暴戾，處處都是魔障，還怎麼修啊？障礙重重，怎麼可能遇明師得正法呢？真正得遇明師，教你正法，你又能學會正法，那是多大的福德、多大的福報。真正遇明師、學正法的前提，是你的福報、福德積累具足了。如果沒有足夠的積累，你根本就沒有機會遇到明師教你正法。

第三節
智慧布施佛度有緣
同體大悲天下歸一

　　釋迦摩尼佛祖告訴我們，六度就是六種以最快的捷徑修成大智慧波羅蜜的修行方法，第一就是布施，不是打坐、不是禁欲、不是吃素、不是念阿彌陀佛，而是先從布施起修。你總得常常生起那種布施之心。

　　自己賺了錢、有了財、生活富足了，你的父母、兄弟姐妹、親朋好友、與你相關的同學同事，真正有困難、需要幫助、應急的時候，要捨出來布施，幫助別人，為人排危解難。不要人家缺錢的時候，你開口就說別人活該，這種笨蛋、壞蛋就應該缺錢，也不理人家，找你借錢也不給，不要這樣。要推己及人，自己最親的人，在危難的時候，要能去幫助他們，要跟他們分享。當然這也是有度的，不是一個人發財以後，家裏的親朋好友都不用工作了，大家都往你這兒一躺，讓你養著，那你就造了惡業。本來大家沒錢的時候，都拼命工作，還能為社會做貢獻，積極進取，結果你有錢以後，給大家的比他工作時都多，那就都不願意工作了。你不就是在造業嘛！

就像非洲，以前非洲大陸上都是最勤勞的民族，當然他們不會種地，他們做什麼？在大草原上，他們去追動物，為了生存跑啊、跳啊、爬樹、上山，所以非洲人的身材那麼健碩、那麼協調，就是在大草原上飛奔追動物練就的，跑得慢、跑得不協調就追不上動物，就得挨餓。世世代代人家就這麼快樂生活著，結果現在所謂文明社會，覺得他們太野蠻了，地也不會種，天天就知道獵殺動物，然後就給予大量的援助。現在再看非洲人都是什麼體型，大胖子、大肚子，跑不動，更別說上樹了，也不想工作了，因為援助有很多。現在的非洲人，一旦援助取消了，也不會打動物了，怎麼生活啊？這樣是不可以的。

布施也是智慧，而且是一種大智慧。不是只做慈善家，有錢了就施捨，任誰都給，誰有困難馬上就給，那樣根本不是布施，甚至會招人罵。人們會想，「別人的孩子上學需要錢你給了，我兒子也要上大學，我也沒錢，你為什麼不給？」

如果不給就會挨罵，也不可能承擔得了人人都給。那到底誰對誰錯？有人認為是現在的人心不好、人性不好。但是，同時也要問一句，「你到底是怎麼布施的呀？」

布施是大智慧，是我們智慧的呈現。不僅僅是去貪心，

把賺的錢全都給出去就行，不是那麼簡單！全給出去很可能是造惡業。就像第一品中講過的放生一樣，買很多魚、買各種動物去放生，你不一定是在行善，不一定是積德。雖然你發心是好的，但是如果你沒有智慧，那不一定是好事，不一定積福報，說不定你造的就是業。本來那些魚、鳥，就想脫離畜生道，總算找到機會能夠脫離了，結果被你買來放生了，人家又得在畜生道裏輪迴，恨不恨你。還有人買蛇放到山上去，也分不清什麼蛇，有的就是毒蛇，結果把人咬死了，山上以前很多人登山鍛煉，結果沒人敢去了。你這到底是在做什麼？所以，布施其實還有大學問，一定要有智慧的布施。

怎麼能做到有智慧的布施？其實還是放下你的分別心，在布施的時候，也要放下你的是非心、分別心，直心是道場。還得傾聽內心的感受，僅憑頭腦去判斷是不可以的。僅憑頭腦，誰有困難，我就應該去幫助誰，那是你覺著人家有困難；這與人家真有困難向你求助，完全是兩個概念。佛菩薩都是有求必應，不求不應。所謂佛度有緣人，無緣者不度。在此，講究一個「有求」，一個「有緣」，這就是智慧。佛是大慈悲，然而大慈悲都做不到，誰有困難就幫誰。觀世音菩薩看到眾生受苦，流淚了，那祂為何流淚啊？直接幫助不就行了。

就像有的人求財求不得，窮困潦倒，了無生趣，想要自殺，觀世音菩薩就在那兒看著他流淚，那觀世音菩薩大自在大神通，財富對菩薩來講根本不是問題，就讓他中個彩券，給他幾百萬，不就活過來了，不就離苦得樂了嗎？那觀音菩薩為什麼只是流淚而不幫他呢？這裏面其實有大學問、有大智慧。觀世音菩薩看著這個人因為窮困潦倒而痛苦、煎熬，菩薩很心痛，但是祂清清楚楚的知道，是我覺著他苦，我看著他苦，人家當事人可不一定認為自己苦。這裏大家一定要清楚，這是兩回事。何謂有緣？有沒有人覺得自己是苦的？當然有。覺得自己苦為什麼不求觀音菩薩呢？因為無緣。他有可能覺著自己真苦，都不想活了，但是他無緣遇到貴人，無緣遇到佛菩薩點化他。要清楚，他不求是不覺得自己苦，想求但求不來這是無緣。一個不求，一個無緣，這兩類人佛菩薩都救度不了，我們也不要去硬救。

現在我們在布施的過程中，其實存在一種問題，經常是有錢了以後就去布施，經常是我覺著他苦，然後我就去救助，就去給人布施，去給人送錢送東西，結果人家反而說不缺錢，而且還會恨你。這是為什麼？

因為人家會想：「你為什麼就覺得我不如你呢？你怎

麼就覺得我缺錢呢？你憑什麼這麼看不起我？你認為我沒有賺錢的能力嗎？」

所以好多人在做布施，結果沒有得到大家的愛戴，沒有得到大家的感恩，反而不被認可，甚至恨他。因為他做的是不智慧的布施，這就是所謂愚，執著於布施，為了布施而布施。

智慧的布施，要先做到放下我認為的苦，然後做到有求才應，不求不應。人家就是不求怎麼辦呢？那跟你有什麼關係呢？他不求說明人家不覺得自己苦，人家認為自己挺好的，或者人家就覺得現在應該受這個磨難，就是在修煉。你給人家送飯，人家本來就吃點粗茶淡飯、吃點素，覺得這就是品德高尚，就是要這樣來修煉，結果你給人家送鮑魚去了，人家還不得給你扔了！甚至會罵你，朱門酒肉臭！你這還能稱作是布施嗎？這不是布施，真正的布施一定要有智慧。

《金剛經》裏講布施，最高的稱為無相布施，從有形、有智慧的布施到後面變成無相布施。無相布施，即直心是道場，就是眾生平等，我起慈悲心，大悲心平等，我慈悲心常在。平等的含義是，不分是我的父母、老婆、孩子，還是我的親朋好友、兄弟姐妹，不分是人還是動物、植物，

我慈悲心常在。我看到一隻狗受苦，牠發出求助的眼神，我心一動，那該幫就幫。無相布施，不求福報，不求回報，我修的是我的慈悲心的呈現。

真正的菩薩境界，菩薩就會明白，祂不是在幫助別人，不是在幫助別的動物，世間萬相皆是我。祂破除了我執，不是皮膚以內的這個我才是我，所有與我相關的人事物，包括動物、植物、山河大地、日月星辰，其實都是我的一部分。

你向外去布施的時候，同時就是讓自己有漏、有缺失的那一部分不斷圓滿的過程。你並沒有在幫助別人，沒有在向外布施，最終的布施一定是向內的心布施。心布施即是一切皆是我的心投射出去的，此即稱為同體大悲，一切都是我，跟我都是同體的，沒有二，把這個一點一點悟出來，你就能感受到，就能悟出來《金剛經》講的無相布施是什麼意思了。

你現在所做的都是有相布施，都是有形布施，都是為了布施而布施，為了積累福報而布施，為了打破貪毒障礙而布施，這即是有形有相的布施、有目的的布施。這種布施不是不可以，剛開始修的時候就得從有形、有相、有目的開始修。但是也得注意，也得是智慧的布施，不能是無

腦的布施，不能是愚蠢的布施，見誰都給錢，絕不是那樣。

你把現金擺在大街上，誰需要錢就來領，這樣任何人都不會來領，而且人家還會罵你，「這是幹什麼呢？瞧不起誰呀，有這麼做好事的嗎？有這麼布施的嗎？」你在布施的過程中打了人家的臉，傷了人家的自尊，那還叫布施嗎？還是有智慧的布施嗎？還是有德行的布施嗎？

真正智慧的布施，一定是顧及到對方的顏面，不能傷人。我們自古就說，寧可餓死，也不受嗟來之食。有幾個錢了，搞成這樣就不是好布施。這種布施，拿了好多錢出去，自己的福報也沒得到，功德也沒得到，得到的都是怨恨譭罵，反而得了業報，這是何必呢？所以，修行真正的起修處，佛菩薩告訴我們的非常好，從布施開始起修，有形有相的起修，即是在世間起修。

因此，六度是佛法修行的最重要的方法法門，沒有比此更重要的。一個是六度，一個是八正道。這叫做六度萬行，也可稱為六波羅蜜，亦即是智慧，開智慧的六種修行方法。六度當中雖然前五度是開智慧的助行，其實也是六種智慧。布施也是一種智慧，但它是有漏的智慧、不究竟的智慧。修好了前五度，再修一種智慧，這六種智慧、六波羅蜜合起來，才能修成大智慧。大智慧就是真正的波羅

蜜多到達彼岸。般若大智慧是從六度起修的，一定要非常重視。

「摩訶般若波羅蜜，最尊最上最第一」。最高的法就是從此開始起修，六度當中最重要的就是布施法。我們修佛、修儒、修道，不管修什麼，都是一定要先從這兒開始起修。儒學同樣講究這個，但是並不是講布施，而是講究經邦濟世之道，那不就是讓我們為國家、為民族、為家族，可以捨生取義，難道不是一種布施嗎？如果提倡的是自私貪婪，不會讓你去做這種事。立身行道，揚名於後世，這是什麼？這也是一種法布施，提倡的其實也是一種無私的精神，推己及人、幫助眾生，這都是儒學教導我們的。

道家道法講究什麼呢？積累三千善行，一日可成神仙。神仙怎麼成的呀？日行一善，三千善行的積累，積功累德。何謂善行？就是幫助別人，是不是也是一種布施啊？就是一種布施，其實都是從捨上來。

第一應該向誰布施呢？我第一應該布施的就是我自己。然後推己及人，我的父母、老婆孩子、兄弟姐妹、親朋好友，然後是我的同學、同事，跟我相關的人。對自己不布施，對自己不在乎，自己的衣食住行、自己的一切都無所謂，自己的什麼都不在乎，都有缺失，還去幫助別人，

怎麼可能圓滿呢？

　　看一看佛菩薩，哪一位佛菩薩不都是圓滿相，哪一位佛菩薩沒飯吃？三十二佛相是怎麼來的？吃素食來的？當然不是！佛菩薩自己都是高品質的生活，每一位佛菩薩都是穿金戴銀，都是寶石加身，都是黃金遍體。

　　有人說：「老師，不是的！那些是後世人們尊重佛菩薩，把寶石後放上去的。」

　　可不是這樣的。所有的佛相、菩薩相，都是佛菩薩本身狀態的呈現。佛菩薩是最圓滿的，是福報功德圓滿，這是第一位的。都是首先自己圓滿了，推己及人，然後向外布施。

　　布施須得分內外，僅是布施給別人，自己卻沒飯吃，可以嗎？敬人首先要敬身，敬身就是要敬己，自己相對圓滿了，但是我不是奢侈浪費、無盡貪婪，是我相對圓滿了，吃穿不愁，能保持高品質的生活，我就不能再奢侈、奢華，再繼續就墮落，就落入無底洞了。這個時候就要推己及人，我生活好了，衣食無憂了，想一想我的父母、兄弟姐妹、家人，想一想我的同學同事、我的員工，跟我相關的所有人，這就是推己及人。

　　這不就是儒學嗎？儒學的孝道強調的是什麼？真正的

孝是從哪裏開始？就是從我自身的圓滿開始。最先關注的是我的自身，自身圓滿了，再推己及人，才是家國天下。修身是第一位，然後才是齊家，讓我的家人幸福安康；然後是治國，讓我的國人幸福安康；然後才是平天下，讓宇宙萬物、動物植物、全天下都安康。這不就是儒學嗎？其實，儒學跟佛法沒有區別。

　　布施的理其實非常深。我們真正修行佛法、修行儒學，智慧的布施都是起修處，是第一位。六度當中至此僅講了一度，其實布施這個話題很大，起步於智慧的布施、有形的布施，終結於無相布施、最高的布施。《金剛經》中對無相布施評價最高。要想修行，要想成佛，必須從布施中來，當布施修到一定程度以後，就能體會到破我執是一種什麼感覺，人相、我相、眾生相、壽者相，如何能夠做到萬物一體？首先得破除我執，破了我執以後，才能感受到什麼是萬物一體、天下歸一。歸於誰？歸於心，歸於我。我即宇宙，宇宙即我。宇宙萬物皆是我，我即是宇宙萬物。其實這樣就打破你對小我的界定，這就是修行的起修處。你再看人的時候就不一樣了，再看物的時候就不一樣了，再看發生的事就不一樣了。宇宙當中所有的人事物都與我相關，與我無關的不可能出現在我的宇宙中。其實說回來，一切全是我，這就是真相，這就叫真諦。

最後再強調一遍，修行從哪裏起修？就是從布施中起修。先修捨之心，破貪之欲。修行中的五毒、五大障礙，先破掉一個。把貪一點一點的弱化、化解，我的眼前就會出現一條明路。否則，現實中我們就被五毒化作的五座大山囚禁的死死的，囚在這五座大山當中，寸步難行，想修行都是在口上修，要想走出一步去行都不可能。所以，我們要一座一座的破，先破貪，貪是一座最大的毒山，最大的障礙。從布施起修，把貪破掉，然後我們再繼續修六度。

第十四章

持戒波羅蜜　攝心為戒

因戒生定　因定發慧

第一節

心向彼岸破五毒修六度
貪念我執捨中破布施起

摩訶般若波羅蜜，是最尊最上最第一，是最圓滿的大智慧。而圓滿的大智慧在現實中的具體修行，即是用修行般若波羅蜜，亦即是六波羅蜜。每一波羅蜜都是在修智慧，從布施到持戒、忍辱、精進、禪定，然後到智慧。前五波羅蜜都是不究竟波羅密、不究竟的智慧，不是圓滿的智慧。而六波羅蜜合起來修行，就能修成圓滿的智慧。

布施波羅蜜之後，繼續講解六波羅蜜中的持戒波羅蜜。何謂持戒？為什麼要持戒？為何持戒成為六波羅蜜中的第二位？六波羅蜜當中最重要的是布施，針對的是我們的貪欲，這是與生俱來的，貪是「貪嗔癡慢疑」這五毒當中最大的毒。那麼，持戒對治的又是什麼呢？持戒對治的是毀犯，毀是指破壞，犯是指犯規、犯法，合稱為毀犯。毀犯即是惡業的根源，因果輪迴中我們所造的惡業，都是從毀犯開始造的。我們如何不造惡業，那就要從持戒開始起修。

在佛法上修解脫法門，真正修悟道、修大解脫，一定

要從持戒開始起修，不毀犯即是不造惡業。所有的佛經，對戒律都是最重視的，是持戒而非守戒，修行不持戒，永遠都修不成。不管禪定功夫有多好，不持戒最後都會被破掉；無論功德、福報積累得多麼圓滿，如果不持戒，最後所有的功德也會全部被一舉破掉。《楞嚴經》中就有一句話：「攝心為戒，因戒生定，因定發慧」。

然而也要清楚，一般的學佛者，或者不究竟的修行者，一提到「戒」，首先想到的是斷男女之愛欲，死守所謂的男女授受不親，男人不能碰女人，女人也不能碰男人，甚至想都不行，只要想就犯戒，但這僅僅是行為上，其實根本不能稱之為戒，不是佛法所講真正的戒。然而這不是戒又是什麼呢？這是一種非正見，即是邪見、惡見。

例如有人說：「我必須要修佛法，我不能吃肉，我必須吃素、只能吃草。」

為什麼他只能吃草？是因為他看到一頭牛昇天了，牛死以後變成了天人，於是就在觀察，牛為何有這種大福報變成天人呢？牛修的是什麼呢？後來發現，原來牛吃草、不吃肉，所以才得昇天。然後他就在想自己怎麼修行呢？他想要昇天怎麼辦呢？那就也要像牛一樣，戒肉食、只吃草，所以只吃青菜。這是佛經裏的一個比喻，稱為牛戒，

是惡見，而不是正知見。這就是五大惡見之一，即戒禁取見。

佛法所講的惡見即是所知障，亦即是非正見。五大惡見包括身見、邊見、邪見、見取見、以及戒禁取見。五惡見，第一稱為身見，意思是我認為自己的身體是真的，即有我執，當覺得這個身體是真的時候，我的一切就都圍繞著這個身體而來。

我們修佛，要樹立正知見，就要破掉五惡見，其中就有一惡見，是專門針對這些持戒的戒律、戒法。真正要修行，就要非常清楚為什麼持戒，以及戒到底是什麼。《楞嚴經》中的「攝心為戒」，即是講真正的戒並不是控制外在的行為，而是要收攝我的心；不是必須禁欲，不可以碰男女之事，甚至不能有一點這方面的想法。如果有這方面的想法，那就是淫欲、淫心動了，這樣就不能修行，就是不對。如此就是五惡見之一的戒禁取見，即是對戒有不正見。

真正修佛法，現在所講的六度、六波羅蜜，其實是修解脫最究竟的法門，也即是助行。我們修行之時，要做到正助雙修，即正行和助行一定要合起來修，不能偏頗。只修正行，或者只修助行都不可以。何謂正行？正行就是修

正定，有了正定，智慧就生起，般若大智慧就生出來了，也就是般若波羅蜜出來了，自然就到了彼岸。因此，所有的正行都是為了修正定。那為什麼修助行呢？其實，助行本身也是為了讓我們能夠得到正定，所以助行又都稱為增上緣。增上緣就是為了更好的修得正定，即是正行。因此，真正的修行一定要注意正助雙修。

修正行的時候，一定要注意一個有和一個空，修助行時也要注意有和空。正行非空、助行非有，這要清楚。雖然我們修助行，布施、持戒、忍辱、精進、禪定，包括智慧，這些好像是有，但僅僅是看似有，好像有形有相，其實是沒有，即助行非有。要清楚其本性、本質，助行本質還是空，本性是空。正行看似無形、無相、無分別、無取捨，看似好像是空，但是其實非空，正行含萬有，即正行非空。

修佛法，如何能夠最終修成圓滿的解脫法，即修到般若波羅蜜的境界呢？怎能升起究竟的般若智慧？就是一定要從戒、定、慧三學當中起修。

戒、定、慧，在佛法當中稱為三無漏學，無漏即是「漏盡通」，也就是達到了漏盡通的境界，即佛境界，是最圓滿的解脫。三無漏學是佛法中最高的境界，最高的學問、學說。如何修三無漏學？從哪裏開始起修？一定要從戒中

起修，由戒而生定，這種定就是正定；正定一出，般若大智慧就來了。可以這麼講，《楞嚴經》就是在告訴我們，所謂攝心為戒，即是先修戒，心才能收服住，這顆心才不被內境所迷，不被外境所誘惑。這時心才會安定下來，心安才能清淨，清淨了心自然就定住了，這就是如如不動，即是正定。

正定，心定下來了，真正的般若大智慧才會展現出來、才會流露出來。大智慧一出來，我就到了彼岸，但這是一個過程。不能只是循空之理，明白空之理，知道一切皆是虛妄，然後卻不起修、不動念。僅僅明白空之理，還沒有證到空之理、空之形，還沒有從事上歷練。即是只在理上解，還沒有在悟上起悟，或者即使起悟了卻沒有證到，還用不了，如此是不可以的。

世人往往僅達到了在理上明的境界，就天天口念般若，但在行上卻行不起來，沒有著手處，不知道應該怎麼行。為什麼？萬物皆空，只要一動一起念即起分別，一旦起了分別，那只要做就是錯，那就是偏執，那就離空甚遠，甚至背道而馳；而且就容易落入寂滅空，即什麼都不做，都無所謂，現實中也不努力、不做、不修行了，覺得修行也是有形、有相、有為之法。如此一來，其實很容易落入

到空談禪理，事上不修，也就是六祖惠能一再講的口念心不行，根本也不知道怎麼行。所以，佛祖、六祖惠能一直告訴我們，知道理以後，還得從有形、有相、有為處去起修，要在正知見的引導下，走上一條正道，即佛法的修行要走八正道。

八正道就是修行佛法的八條正確道路，按這八條道路走，一定能走到般若的彼岸，即是能走到般若波羅蜜的境界，能得到大智慧。佛法八正道就是，正語、正業、正命、正精進、正念、正定、正知見、正思維。八正道即是戒定慧，為什麼？八正道中的正語、正業、正命，修的就是戒；正精進、正念、正定，修的就是定；正知見、正思維，修的其實就是慧。戒定慧我們稱為三無漏學，而無漏學即是究竟的學問，究竟的學問怎麼修？就是這八條正確的修行道路、修行方向。所以佛祖告訴我們，從六度開始起修，布施為先，破貪欲，再深入的起修，就是從持戒開始。而如何持戒？即是攝心，把心收服住。

為什麼持戒？為得到正定、得增上緣，不斷修持戒，如此我的心就能清淨，就能安定，在修正定的時候我的心才定得住。否則，如果只知道理，只知道我的心不能分別、不能取捨，那究竟如何做到心不分別、不取捨呢？其實，

我們起心動念就在分別、就在取捨，自己根本控制不了，所以只知道理，在事上做不到，在行上控制不了。怎麼才能在行上做到呢？就是要在現實中，一個階梯、一個階梯不斷的修，從布施修、從持戒修，一步一步的起修。最高境界是無形、無相、無為，所以稱為無相布施、無相持戒，無相定即是正定，亦即是最終得般若大智慧。不過，最高處的理都知道，並不代表在事上、在行上就修到了，那是兩個概念。

修禪最忌諱的就是天天口說般若，只講禪理而心中不行。真正心中行，還是得呈現在我們現實中的形體上、有形有為處，都得有個落腳點。既知道無相是最高的，又一定是從最基礎的開始腳踏實地的走，從第一步邁起，之後才能一步一步的走上天梯，才能達到最高的境界。這就是佛法在引導我們一步一步的往前走。

持戒對治的是毀犯，持戒又對治我們的欲望，除了貪欲，因為貪是用布施來對治的。那麼，我們最大的欲望不外乎兩種，一是食欲、一是色欲。為什麼這兩種是最大的欲望？這就涉及到我們生存的本能，因為有了這兩大欲望，我們才有了生存的動力。人為什麼能夠生存，其實就是為了這兩種欲望而來，人就是如此生出來的，具體究竟是從

哪裏生出來的？是從淫心而生，此即色欲。男女之間產生了愛意，產生了激情，然後交合而生人。那麼，世間萬物又都從哪裏生的呢？世間萬物都是從淫心而生，這就是我們最大的欲望。為什麼有這個欲望？是為了繁衍。動物也是一樣，都有雌雄之分，然後生出小動物；植物也是一樣，都得有雌體、雄體，才能開花結果，繁衍後代。世間萬物皆是「道生一，一生二，二生三，三生萬物」，人也是這樣。所以，人、動物、植物都是由淫心而生，這就是我們之所以生到這個世間的最大動力，因為有了淫心，有了愛欲，才有了世間最大的動力。

另一大欲望，即食欲。我們為什麼對食物有如此本能的、強烈的、最原始的欲望呢？就是為了我們的生存。這是最原始的力量、最原始的欲望。我們知道，得定才有大智慧，然而真正想得定，要如何才能得到？為什麼定不下來？就是因為本能的欲望在我的內心深處不斷湧動，而且沒有一時一刻的停歇，這是我做所有事情，最基本、最原始的動力。

欲望不是不好，而且沒有欲望還不行。我們為什麼要做人？做人雖然很苦，但是還有樂在，樂在哪裏呢？就是當我的欲望不斷滿足的過程中，我從生理上、心理上、感

受上都會有樂。雖然這種樂是短暫的，但畢竟還是樂。實現欲望、滿足欲望的那一瞬間的樂，維持著我的生命及輪迴。尤其是淫心、愛欲心是輪迴的最大的動力，甚至可以稱作是唯一的動力。

人之所以在世間要功成名就，要實現各種成功，其實都是要實現內心最深處、最原始的淫心、淫欲。這裏的淫不僅僅是指男女之間的性愛，還包括相互的愛慕、愛欲，被仰慕、被崇拜，這些都是一類。因此，我的心要想清靜下來，得到正定，首先就要對治淫心；淫心不除，想得到圓滿智慧、想解脫，比登天還難。為什麼？因為淫心即是人輪迴在六道當中的種子，如果不對治、不化解，想脫出六道輪迴是不可能的，想超越三界、到達菩薩道，想昇華成佛，根本不可能。因為還在貪戀著六欲，貪戀著輪迴。而我們貪戀最重的就是這個淫心，那怎麼能夠對治，使自己得到正定呢？就是要透過戒。無戒即無正定，無正定即無般若大智慧。佛祖傳給我們的六度法中，第二波羅蜜就是持戒波羅蜜。

有人問道：「老師，既然我們要除掉淫心及愛欲之心，不能對異性動心，那我就徹底的戒除、禁止，是不是就可以了？」

如此不是戒，而是壓制。這是在壓制人的本能，壓制人的本性，壓制自己最原始的狀態，是不可以的。此即邪見，這種對戒律的認識、這種知見，就被稱為戒禁取見，即是五大邪見之一。人的愛欲淫心不是用力壓制就會消失的，不可能壓制的消失，而是越壓制就會在適當的機會，壓制不住的時候出現大反彈，最終就成魔了，反而清淨不了。

　　那怎麼辦呢？對於戒的認識、認知，戒的修為，如何修行才是正戒，這是修行佛法的一大學問。這個學問清楚了，佛法就入門了，就真正可以起修佛法了。戒是定的前提，戒是定的增上緣，沒有戒就沒有定。但是，怎麼修正戒才能修成正定，是非常重要的。我們要戒的到底是什麼？是性欲本身嗎？是愛欲本身嗎？其實，性欲也好，愛欲也好，都是與生俱來的，都是輪迴最基本、最初的第一動力。性欲愛欲本身是不好嗎？一定不能要嗎？

　　要知道，一切都是我的心造的，哪有什麼好或不好之分？都是虛的、妄的，其實本質都是空的，但是空中又含著萬有，即說空非空，說有本質上又不是客觀存在。心念流轉就靠這種動力，淫心愛欲本身沒有錯，如果沒有了淫心、沒有了愛欲，那我們就都不做人了，也入不了六道輪

迴，甚至當菩薩都沒意思，更不要說作佛了。其實，這不僅是六道輪迴的動力，甚至可以稱為是我們作菩薩或者作佛的動力。淫心愛欲本身沒有錯，如果要稱之為錯，就有了取捨心、對錯心、是非心，即是在分別、判斷。所以，不能把淫心愛欲本身當成壞、當成不好，否定、排斥，甚至斷絕，這都是不對的。我們要以一個正常的心態來看待，其存在是合理的、正常的、沒有對錯之分的。

但是，過了就有問題，太執迷就有問題。之所以我們從六道輪迴脫離不出去，就是因為我們執著於這種愛欲，執著於這種淫心。淫心產生了好奇，然後就產生激情，從而帶給我們生理上的快樂、愉悅、享受，雖然這種快樂的享受是短暫的、是不究竟的，但是卻很強烈。人、動物、植物都離不開，正因為如此我們才有生存、繁衍的動力。

儒學的經典告訴我們「萬惡淫為首」，為什麼？正因為這是最大的欲望、最大的動力。但是淫心、淫性是罪惡的嗎？就是萬惡的嗎？不，它本身沒有對錯，只是人怎麼看待它，如何運用它？如果人沉迷於此，那就是造萬惡的根源，萬惡都是由淫心而起，由愛欲而來。一切的妄語、殺生、偷盜，都是從淫心而來，如果執著於或者沉迷於淫心，就會引發出萬惡，因此稱其為萬惡之源。然而，它本

身不是惡也不是善，是中性的，我們要認清這一點。

戒即是攝心。攝什麼心？要先把淫心攝住，先把愛欲之心懾服。如何懾服？看清它、認清它，不沉迷於它、不執著於它，正常的釋放它，然後轉化它。修佛法要想修行圓滿，就要轉識成智，要把我們的六識轉成大智慧，把判斷、分別之心轉成智慧之心，此即稱為轉識成智。而且，我們更加需要修行的，是轉愛欲成智、轉淫心成智。那麼，淫心怎麼轉？首先，我們在現實中要克制它，先限制它，但並不是排斥它，不是否定它。

現在所有修佛的人好像都在說：「我修行了，我就得排斥、否定欲望，尤其是愛欲和所謂的淫心。要否定它，不要它、斷絕它！」

這不是佛法，不是佛理。我們所謂的克制和限制，可不是否定。為什麼要克制？為什麼要限制？因為我對其用心過度，甚至我把所有的心都用在愛欲之上，都用在淫心之上，都用在對異性的感觀、感知上面。這是不經意間的，我們的意識其實意識不到，在意識中我們可能是為了公司上市，要成為世界五百強，或者要賺到大財，要有大富貴，好像我們都是向著這些目標去的，其實真正的目標並不是這些。為什麼要有大富貴？為什麼要巨大的名聞利養？其

實我們的內心最深處，是為了得到更多異性的所謂讚許、所謂崇拜，這才是最深的心理根源。

拿破崙曾經說過，男人為什麼要創建事業？為什麼要征服天下？其實本質就是要征服天下的女人，因為這就是動物性。而動物性即是本能，包括所有的動物都是這樣。比如，雄獅為什麼要爭取更大的領土？就是要把領土內所有的母獅子收歸於自己，然後給自己生小獅子，同時把原來雄獅的後代都咬死、吃掉，母獅子則全是自己的。其實人也是這麼回事，但有的時候我們意識不到這一點，還認為自己有很高的目標。這本身沒有錯，這是人的生存動力、進取動力。但是，如果人執迷於這一點，就會在六道輪迴之中，在這種苦苦樂樂之中沉迷著，這就是所謂紅塵滾滾，就把自己滾進來，迷在裏面了。

佛法就是讓我們解脫出來，如何解脫出來？是不是不要愛欲、不要性欲、不要淫心了？其實不是那麼回事。而是不能沉迷於它，但我們要轉化它。轉化成什麼？如何轉化？佛菩薩有那麼大的動力，是從何而來的？前面講過，凡夫之所以作為人在六道中輪迴，是由於淫心在起作用，這是為人的動力。而佛菩薩也會化現入六道度眾生，祂在六道中流轉，但是不迷，是自在，想來就來，想走就走。

眾生為人是以淫心作最大的動力，那佛菩薩是什麼為動力呢？佛菩薩的淫心、愛欲已經轉化、昇華、延展、延伸了，昇華成慈悲心，延伸成救度心，轉化成願力。

菩薩入世度化眾生，不是以淫心為動力，而是以願力、願心為動力；在世間發起慈悲心，慈悲心生成願力；三千大千世界大自在、任我行，自由自在的出入三千大千世界，就是要度化眾生。然而，菩薩度化無量無邊的眾生，但又實無一眾生得其度化。如果聲稱任何一個眾生是佛度化的、是菩薩度化的，那就是在謗佛。這是何意？所謂度化三千大千世界的一切眾生，其實沒有別人，都是眾生自己，而佛菩薩沒有度化任何一個另外的眾生。如果認為是佛或者菩薩度化了任何一個另外的眾生，那就是認為佛菩薩還有人我之分，心中有我有他，我在幫助他，我在度化他，我在救他的苦、救他的難。心中一旦有此想法，就已經不是佛菩薩境界，而是眾生的境界、凡夫的境界。所以說，若是聲稱佛菩薩度化了任何一個眾生，那就是在謗佛，就是凡夫。

佛沒有度化任何一個眾生，佛度化的完全都是自己不究竟的人格。佛菩薩也有不究竟，不究竟的都是自己不圓滿的人格。所謂的救苦救難，救的不是別人，圓滿的也不

是別人，而是在不斷的圓滿著自己。

　　因此，我們現在就知道了，戒是從哪裏開始？又如何持戒？現實中我們要注意，不要沉迷於淫心愛欲。當發現自己沉迷的時候，要提醒自己清醒一下，從其中出來。但並不是排斥，不是否定，不是隔絕，要掌握好一個度，正常的愛欲淫心是可以有的，但是不要讓它過，不能沉迷於其中，這就是戒的真意。

第二節
三皈五戒起修持戒大智慧
戒非絕對拔邪見執著正法

真正起修，一定要從三皈五戒開始，三皈五戒是根本的修行起修處。三皈即三皈依，皈依佛、皈依法、皈依僧。皈依佛，不是指皈依佛這樣一個人，佛代表什麼？佛是圓滿、是覺悟者的代表。法又是什麼？法就是佛傳遞給世人，如何使自己圓滿的方法。僧又是什麼？僧又稱為境，是佛和法在世間的化現，在世間的代表。

佛，我們見不到，無形無相，所謂佛有三十二相，但其實我們見不到，佛已經圓滿了，永遠在常樂我淨、無餘涅盤的狀態。法，我們也見不到。而佛和法從哪裏出來呢？都是從僧出來的，僧本身有形、有相、有為，甚至他就是一個人，但是他又代表著境。他既是萬有，但同時又代表空性、代表佛性、代表至高的無形之法。其實，法無一法可得，沒有一個實實在在、有形的法，但是僧會根據所謂不同的緣，因緣施教，也就是法無定法。八萬四千法門，其實門門都應對不同的人，正因為有了八萬四千法門，所以才有了八萬四千種法。誰來接引世間的眾生？又是誰使

用這些有緣的方法引導眾生、教化眾生、救度眾生呢？這個工作要由僧來做，所以我們要皈依僧。

有人提出質疑，「老師，還有惡僧、不知法的僧、不守戒律的僧、不淨之僧，還有那種污染之僧，這些自古以來都有。」

但是，不能因為個別現象而徹底排斥和否定整體的僧。僧代表著現實中的引導者、善知識，或者稱為師父，代表明師，是一個代表。也許在末法時期的某個階段，可能遍地邪師、遍地邪僧，但是也不能因此而否定所有的僧，不能因此而認為僧不代表佛、不代表法，這樣也不可以。比方說現在，就是遍地邪師，有的貪財、有的好色、有的口吐善言把人引向魔道，甚至 99.999% 的都是邪師；但是，我們所謂的僧依然代表的是一個象徵意義，不能以具體的個體來衡量，不能因大多數個體的僧不如法，就徹底的否定僧，認為凡是和尚、凡是講經說法的老師都是壞蛋，不可以這樣。

三皈依是根本，沒有佛就沒有法，沒有僧也就不知道佛和法是什麼。三皈依之後就是五大戒，即五大基本戒，對應的是我們的五大欲。內五欲外六塵，都是有對治的。五大戒就是，不殺生、不偷盜、不妄語、不邪淫、不飲酒。

這裏的酒是指什麼？酒代表著上癮的行為。比如，由於喝酒容易上癮，我就喜歡喝酒，就被喝酒以後的生理狀態所吸引、誘惑，然後無法自拔。又比如，吸毒、打遊戲，等等所有這些上癮行為，都是五大戒之一的不飲酒所對治的。

所有於世間所迷戀的、最基本的、這些所謂的欲，就是我們要戒除的。戒除並不是禁止，不是絕不可以，戒除並非絕對。比如不殺生，不殺生為何算作戒？那又不是有動力，誰喜歡殺生啊？然而人就是這樣，現在大家都覺得自己雞都不敢殺，哪還敢殺人啊？我既不想也不願，我害怕！其實，是因為現在各種法律限制著你，你不敢，你有恐懼、有顧慮、怕被懲罰。如果遇到沒有法律的一天，實際上殺生也是人的本性。偷盜、妄語、邪淫，這些都是人的本性，如果不克制，任其發展下去，人就會成魔。

看看歷史上的農民起義，歷史上那些無法無天的人，只要沒有法律限制，或者他有一定的力量，沒人制約得了他時，就會殺人無度，甚至以此為樂。那種掌握控制權的欲望放縱，當別人在自己的屠刀下顫抖、哀求時，在他的心中是有樂的。正如，明末張獻忠到了四川以後，殺了多少人，他就是以殺為樂。而且歷史上有很多這樣的人，沉迷在這裏面，讓大家成為一種臣服，因為臣服了就會拜倒

在他的腳下，就會害怕、顫抖、恐懼，而自己至高無上的那種感覺，就是一種樂，而且對那種樂無法自拔。

現在的平常人體會不到，一殺生就是怕，自己就會說，不能殺生！覺得好像踩死一隻螞蟻、一隻蟑螂，都不應該，都好像是犯戒。其實，真正的戒，不是讓你絕對不去殺生，而是不讓你去放縱，你不能以此為樂，不能以此把你的喜悅心勾起來，而殺生到後面也會跟飲酒、吸毒、打遊戲的上癮行為一樣。

包括偷盜也是一樣，如果沒有現實中的法律控制，如果沒有我們從小受的教育，我們人人都會想偷盜，偷盜也會是一種樂，就是當別人不知道的時候，一下把別人的東西占為己有的那種樂、那種高興。現實中我們不都是這樣，如果什麼東西、什麼地位、或什麼財富是理所當然應該自己得到的，最後得到了也沒有那種樂的感受。反而是別人的東西，不應該自己得到的，卻想盡辦法得到了，那種感覺特別高興。又比如，我們去公園、遊樂場時逃票，其實並沒有多少錢，多數人根本不是付不起，但是如果有一條小道能偷偷的溜進去，省了十塊錢，就感覺特別興奮，異常興奮。

前些年有新聞報導，有人去動物園看動物，有一條小

路能逃票進入動物園，於是有幾個人就省了幾十元錢的門票，從小路進動物園，最後要翻過一座牆，結果是虎山的圍牆，下面就是虎山，要從圍牆上走過去才能越過虎山到動物園裏面，有個人就在翻虎山圍牆的時候掉下來，被老虎咬死了。他只是為了省那一點錢嗎？其實那是一種樂，是一種發自內心的樂。逃過門票的人就會有這種感覺，拿到了不應該屬於自己，而是屬於別人的東西時，那種高興是一種發自內心的東西。其實我們要戒除的是那種東西、那種高興，也就是不要過。殺本身不是錯，盜本身也不是錯，不能把它們本身看成是錯。

有人認為，竊取別人的官位職位，這是不對的；但是同時這也是種進取心。從另一個角度來看，這個位置本身應該是誰的呢？為什麼就認為是我竊取了別人的位置呢？還有人認為，本來倆人談戀愛，郎才女貌、兩情相悅，結果第三個人相中人家的女朋友，想盡辦法奪走了，這種人是什麼東西！缺德不缺德啊！人家倆人好好的，被人橫刀奪愛，是不是相當於偷人家媳婦一樣？把人家女朋友的心給偷了，這是大壞蛋，是大惡人！但是，是那麼回事嗎？從自然法則上講，沒有對錯之分，也就是沒有誰對誰錯、行為好與不好之分。孔雀為什麼開屏？不也是在競爭嗎？它用另一種方法競爭，雄孔雀顯示自己的美，把雌孔雀吸

引過來，不就是爭奪嗎？雌孔雀應該是誰的？而那個美女又應該是誰的？

如果都不去搶，都不去爭，社會如何發展？總得有正常的競爭。但是任何事別過度，過了就打破社會的規則，就會引起人與人之間的爭鬥、衝突。在古代的時候，解決問題其實很簡單，就是用動物的行為方式。比如，一個美女三個男人都看中了，那很簡單，並不是讓那個美女去選擇，男人也不用勾心鬥角，用什麼不擇手段的方法得到美女，而是三個男人決鬥，誰最強壯、誰最聰明、誰最厲害，誰就能得到這個美女。

有人就問了，「那美女自己能選擇嗎？」

其實，美女的選擇，從動物性上來講，還是得嫁給那個最強壯、最聰明、最有力量的男人。這本身就是動物的本性，沒有什麼對錯，動物就是這樣才能保證基因越來越強大。美女本身基因就是好的，而男人得有好的基因去配對美女，生出的孩子基因才會越來越好。

但是，現在很多人已經不符合動物性，男人不是追求最優秀的女人，女人也迴避優秀的男人，為什麼會這樣呢？因為都畸形了，都是那種救度心，或者那種控制欲，把自己現實中本質的、最原始的本能壓制住了。何謂救度心？

很多優秀的女人，專門找那種特別慘、特別弱的男人，她要去保護他，母性氾濫，覺得這就是愛。現在很多夫妻家庭，男女特別不般配，這種情況在動物界裏不可能存在，只有在人類社會。而現在的人都變了，女人要保護男人，要改變男人，這根本不符合動物性，其實是一種病態。

前面在講解偷盜本身到底是什麼。我們一定要知道戒的真正含義，戒的是心理的狀態，亦稱為攝心。並不是一定要把行為徹底杜絕，所謂不殺生，有人認為就是一個人都不能殺、一個動物都不能殺、一個螞蟻都不能殺。這就會導致，先是有意狀態下不能殺，後來無意當中也不能殺，一旦無意中踩死一隻螞蟻，都得懺悔半天，自責自己怎麼能踩螞蟻呢！之後都不敢邁步走路了，抬腳之前都得看清楚有沒有螞蟻，有沒有其他蟲子、動物。但是，人能看見的已經是很宏觀的了，真正看不見的那些微觀的生命，一腳踩下去得毀掉多少啊！所以，好多修行人，為了戒殺腳都不敢沾地。然而何止地上，坐在那裏，屁股下面得有多少眾生都被殺了。天天為這些眾生懺悔念佛，這樣哪是在修行，都已經不是人，不知道該如何做人了。其實根本不是那麼回事。

如果一個民族都按照這種方式戒殺，那外族侵略的時

候，這個民族就會整體垮掉。所有人都不敢殺，都不允許殺，假如這種情況下再次出現外國、外族侵略中華，如果中華都是信佛之人，那可真的麻煩了。已經侵略到你的家裏，已經把家人、親朋好友一個個屠殺的時候，因為信佛，因為守著所謂不殺生的戒，都不敢還手、不敢動手，這可不是修行，根本不是修佛法。如此所守的是死戒，是絕對的戒，太絕對於在行為上的所謂的戒，就是所謂五大偏見之一，而不是佛法真正守的戒。

真正的戒講究攝心，是我心中一種正確的對待狀態。不允許自己太癡迷，不允許自己太執著，不能為了自己以及個人的感官享受、開心愉悅，而去毀人性命、盜人財物。殺本身沒有對錯，本身是中性的，不要分別，但這個度的掌握很重要。

有的時候修行還要去斬妖除魔，但是有的同學不理解還會說，「為什麼要斬妖除魔，為什麼要殺生呢？為什麼要損害別人的性命呢？」其實，真正斬妖除魔的人，也有其道理。有何道理？即所謂一魔死萬人生。由於一個魔的存在，屠害生靈、屠害眾生，把這個魔消滅了，就是一魔死萬人生。

還有的人敢於我一人死萬人生！我可以犧牲自己，萬

人都能因我的犧牲而活得更好，那我就犧牲自己。這難道不是佛法嗎？這不就是儒學所提倡的捨生取義嗎？其實都是一回事。如果我們要持這五大戒，其中不殺生是第一戒，但是卻執著於不殺生、絕對於不殺生，或者將其當作行為上的一種戒去修行，那就修偏了。所以，持戒的過程是要有智慧的，因為持戒波羅蜜本身就是一大智慧。我們布施要有智慧的布施，持戒也要有智慧的持戒。透過布施我們在修這種智慧，透過持戒我們同樣也在修這種智慧。

修到後面，能把我的心修得越來越清淨，我的心不會因殺欲而沉迷，不會因偷盜的欲望氾濫而沉迷。所以，淫並不是男女之事不能碰，那種淫是邪淫。邪淫不可取，我們要戒。何謂邪淫？為什麼要戒邪淫呢？其實邪淫跟偷盜的感覺是一樣的，只是偷盜是偷物，邪淫是偷人，但感覺是一樣的。偷物的時候，我們控制不住開心，甚至心花怒放，因為把別人的東西占為己有了，其實對人我們更是這樣。這種感覺就是，你得到了本就應該是你的人，這個人在你身邊是心安理得應該的，你沒有那種興奮、那種好奇、那種刺激的感覺，就像一旦結婚後，自己的老婆再美，多年後就是左手碰右手，心安理得的這是我的。然而，看別人家的老婆更漂亮，看別人家的老婆有魅力，看別人家的老婆好，其實都是一種偷盜心。不是我的，我占有了，那

種征服欲、那種欲望其實也是本性。

淫本身沒有問題，男女在一起性愛、男女在一起繁衍、生孩子很正常，要去除的是這種偷盜的淫心。然而，有一句俗語說：妻不如妾，妾不如偷。偷不著天天惦記，偷到了變成了妾，最後變成了妻，而逐漸的那種好奇心、那種激動，內分泌又平衡了、沒感覺了，激情沒有了就變成了愛情，愛情沒有了就變成了親情，這就是人的本性。我們持戒，是要戒除這種淫心。

我知道這是人的本性，知道這是欲，知道人人都是這樣，不論男人女人其實都是這樣；知道以後，我現在修行、修佛法了，就要把心攝住，不能任意妄為，不能任由其發揮、發展，要戒，把我的心攝住、收回來。我知道我跟老婆由激情變成愛情，甚至已經變成親情，看到別人我會動心，我一動心就清楚了，這就是邪淫，那個人是虛妄，其實她不如我的老婆，如果到了得到她的那一天，我這種動心的感覺就沒有了，激情就沒了，得到的那一瞬間其實就已經沒了，然後就是無盡的煩惱。

現實中其實比比皆是，多少富豪、高官都毀在美女手裏，或者女富翁、女官員毀在帥哥手裏。就是這種邪淫之心克制不了，一旦有財了、當官了、掌握一定資源了，就

任意妄為，克制不了，沒有一個戒心，後面就出問題了，就導致了災難。從人墮落成畜生，從畜生墮落成鬼，從鬼墮落成妖，最後墮落成魔，魔都是這樣來的。所有的魔都是讓自己這種所謂的原始欲望，無限制、任意妄為的發洩、發揮，最後就成魔了。

我們要成佛、要圓滿，就要知道這是原始的東西，知道他是從哪兒來的，怎麼來的？這時候戒的意義就呈現出來了，戒的作用就呈現出來了。如果深陷其中，就會越陷越深，天天就在追求那種生理上的刺激、心理上的刺激，越追求就陷得越深，越追求就迷得越深，就越無法自拔。於是，就在六道輪迴之中越來越墮落，從三善道墮落到三惡道，甚至最終成魔。所有的魔都是執於某一種或者幾種欲望，有的偏執於愛欲，有的偏執於殺欲，有的偏執於偷盜欲、事事爭搶，有的偷人、有的偷物、有的偷名、偷名聞利養，這樣偏執下去最後就成魔了。

我們既然修行，就要從這裏面解脫出來。首先要看清楚，不能迷進去。但是，所謂什麼事都不執著，是不是要做到執著於什麼就一定要從其中脫離出來呢？其實，這句話還得兩面說，即正法和邪道，如果執著於正法，堅韌不拔的走在修行這條正路上，越執著的走向正道，越是向著

圓滿、向著解脫、向著涅盤的方向走去，這種執著是可以稱道的，這種執著是我們都要具備的。然而，在邪道上、外道上，如果執著就會墮落，一定要從裏面解脫出來，要保持清醒。

何謂邪法？何謂外道？有什麼標準呢？其實有一個很簡單的標準，如果被內五欲或者外六塵牽引、陷進去，就自己趕快拔出來，因為這就是邪道、就是外道。心外所行之道都是外道，邪道即是邪知邪見，被欲望牽扯到深淵。而欲望又分正欲、邪欲，正欲即心向菩提、所求圓滿，走的是正道。正道的標準就是走向所謂的佛法八正道，就是不偏不倚，正道即中道，不斷放下分別，讓自己的心越來越清淨，這樣的道就是正道。

第三節
心常清淨樂常樂
有相起修戒定慧

　　走上正道修成的果就是慧，即般若大智慧，是圓滿的果。而慧是從哪裏來的？慧從定中來。定又是如何而來的？定要從戒上修。只有從戒上才能修得定，定上才有慧。其實，定慧無二，沒有分別，有了定立刻就有慧，有了慧當下即有定。定慧是一體兩面，沒有先後之分。如何修定？即是修清淨心。一念清淨，即有般若智慧，我就是佛，就定了，清淨心才是定。如何修清淨心呢？就是在現實中從戒上修。

　　我們是否沉迷於五欲？五欲是我們最大的修行障礙，五欲帶來的都是生理上的刺激、心理上的痛快，是會將我們帶向深淵，會帶來無盡的煩惱。正道越修越脫離煩惱，而邪道是越修越煩惱，這也是判斷正邪的一個標準。正道越修越清淨，越清淨就越沒有煩惱，外界也越是沒有對抗，越是沒有誘惑。即使外界充滿了誘惑，但是我清淨的去面對，知道自己這顆心在動，然後我就可以去修這顆心。

　　其實這是怎麼修？打坐是在修什麼？打坐本身即便是

有兩三個小時不起心動念，那又能怎樣？下坐以後，看到別人的老婆特別漂亮、很有魅力，看見別人的什麼都好；再上坐趕快把這顆心收回來、靜下來、定下來，只定了幾分鐘，或者定了幾個小時，其實內心當中不斷翻湧。真正的定如果修成，是無時不定、無處不定。怎樣才能開始修呢？即是要看破真相，打破妄想，收回欲心，收回邪念。處處都要定，時時都要定。只要對別人的老婆起心動念了，馬上收回來，不能執迷下去，不能沉迷下去，我知道這是人性，但是我要保持清醒，女人就是那麼回事，即使得到了也就是一時的快樂，而後面則是無盡的煩惱。如此，越修家庭越和睦，當對外的心都收回來的時候，再看身邊的人就不一樣了。這稱為正淫，這是可以有的。

佛法並不是不允許男女接觸，不允許人有欲望。如果是那樣，大家都信佛了，誰來繁衍呢？那樣就違背人性人心本身，是不可能的。那本身就是邪道，就會成魔，如果要求大家都要那樣做，不就是成魔了嗎？正常的生存和繁衍都要戒除，而且要在行為上戒除，不就是成魔了嗎？現在，有多少修行人都成魔了，嚇得不敢吃一絲肉，不敢碰一點葷腥，心裏一旦對異性有一點波瀾、有一點心動，馬上就得戒，不斷的壓抑，最後一個大反彈就反轉成了魔。因此，那樣是不可以的。

戒，所講的是心中戒，一旦心中欲望升騰的時候，要分清楚是正道還是邪欲。正道的欲望我們要有，而且還要轉化，要把心中的邪欲轉化成正道。癡迷於內五欲外六塵時，癡迷於欲望的感受時，要克制，也就是戒。但是欲望、力量還在，而是會轉向正道。如何有清淨心，清淨心怎麼發出來？這就要看破世間這些所謂的欲望呈現，收回自己這顆心，這即是所謂攝心。逐漸不被內五欲和外六塵所牽引，這樣就能越來越保持自己的清醒狀態，把向外之心用在修八正道、修六度上。例如布施心，如何有智慧的布施，如何對治我的貪，怎麼能夠更好的由戒而得定？把心用在這些上面，即是將邪淫之心、偷盜之心、妄語之心、殺生之心、以及上癮行為的那種動力都轉化昇華。

　　先克制，使自己從其中脫出來，然後再轉化它，這時候就能夠從欲中脫離而轉化成正道，就會感受到禪悅。心一旦清淨，安定下來，就可以產生出這種禪悅，亦即是清安。這是從內心深處發出來的，不是有染有雜的那種樂，是所謂的法喜，就會從內心之中生發出來，比男女性愛都要樂，而這種樂是不帶煩惱的樂，是清淨之樂，這種樂才是我們真正所取的正樂。

　　正樂、邪樂有何區別？由邪欲而導致的邪樂是短暫

的，邪樂會帶來無盡的煩惱。正樂是清淨心發出來的，那種輕安喜悅即稱為法喜，發出來可不是短暫的，而是常樂。常即是不間斷的、永恆的。心清淨了，樂就來了。心常清淨，樂即是常樂，法喜充滿的狀態就是常樂。而且這種樂不會帶來任何煩惱，我們要的就是這種樂，這即是正樂。那麼，正樂是怎麼來的？就是要限制、戒除欲望將我們牽引到生理或者心理上的那種刺激、那種激情狀態，我們要從中脫離出來，要看清楚這些欲望帶給我們的是什麼，清楚這些欲望本身是如何產生的，然後在現實中既克制我的心理即所謂攝心，又克制我的行為即不去做。這就是持戒的意義以及作用。

修行不持戒，永遠修不成。修行要得圓滿、要得清淨心、要得般若大智慧，這本身就是欲，本身就有動力。這種欲是如何產生的呢？其實欲產生的根源都是同一個，只是看是順著淫心愛欲去行，還是逆著去行；是被淫心愛欲所左右、控制，還是會運用淫心愛欲。淫心愛欲本身不是問題，問題在於這股欲望發出來之後，我們如何取捨。

有人馬上問：「老師，不是不取不捨嗎？」

不取不捨是最高境界，你還做不到，誰也做不到。到底怎麼能達到不取不捨的境界呢？還得先從取捨中來，首

先得知道取什麼、捨什麼。所以修行界才有這句話：順則成人，逆則成仙。

人是怎麼來的？人就是由愛欲而生，就是由淫心引發的行為，而後生出了人。但是，如果順著這種欲望繼續往下，沉迷於這種愛欲和淫心，就是墮落，就會從人墮落成畜生，從畜生墮落成鬼，再墮落成地獄眾生、墮落成妖，然後墮落成魔。就會被這股愛欲所牽引，最後深陷其中、無法自拔，而後越來越執著，越來越固執，最後就成魔了。

然而逆著來，我知道這種原始動力發自於淫心與愛欲，但是我不被其控制，而是將其轉化成正道，把邪淫轉化成清淨心，我就成仙、就成佛作祖了。同樣的一股力量，無論墮落還是昇華，成佛也好、成魔也罷，關鍵就是我被它掌控還是我掌控它。其實這就是修行，這就是我們的起修處，這就叫做持戒波羅蜜。

為什麼稱之為持戒波羅蜜呢？因為在持戒的過程中，就會產生智慧，所以稱為持戒波羅蜜。而布施波羅蜜，即是指在布施的過程中產生智慧，布施對治的是貪。而持戒對治的是毀犯、不犯惡業、不墮落、不被欲望所牽引，這是持戒的作用，是真修行，在八正道中代表正語、正業、正命。佛經中講述持戒的功德妙用，還有一種就是人一生

下來，身體白皙、漂亮、年輕，儀容、儀表相對圓滿、可愛、可人，而漂亮是從哪兒來的？現在來看，有的人生的奇醜無比、有的是歪瓜裂棗，有的生出來白皙淨嫩、儀表堂堂、美麗動人，這是為什麼？佛經上講，這就是持戒的果報。持戒越精進，越是正語、正業、正命，心不外邪，形體就相對圓滿。

看看佛菩薩，都很圓滿、很協調、特別耐看，而且大家都特別喜歡看。而惡魔都是張牙舞爪、嘴臉醜陋、長相恐怖，如果天天被邪見、邪欲所牽引，最後心變成這樣，形就會呈現出來。越持戒，心越清淨，內心當中邪見越少，越不被邪淫、邪欲所牽引，生出來人就越正。不斷持戒的人，現實中他的身形、體貌就會有變化，並不是去世以後下一生才變，而是現世就變。現實中心邪的人從他的身材體貌上，從他的面相上也能呈現出來，淫心特別重的人，他的臉上都能看出來有一層黑氣。有的人表面看著很正常，但是一接近他就好像扎人一樣，接近就讓人感覺身上特別不舒服，這樣的人就是邪心極重；而有的人，接近他的時候自然而然感覺他的身體有種清香，特別喜歡在這個人的身邊，感覺很舒服，這即是清淨心的人。

欲望越重的人體味越重。其實心與形都是相應的，相

由心生，現實中怎麼能夠年輕，如何白皙粉嫩，如何體生異香、清香，佛經告訴我們就是要修持戒。好好攝住你的心，持戒攝心，心正了、心清淨了，外表自然就相應。這都是佛經所講的一個果報，但更重要的在於，持戒是為了正定，不持戒者永遠得不到正定。不持戒，心就被內五欲所牽引、沉迷，就被外境所牽引。那如何得定，又為何持戒呢？就是要把向外馳騁之心、向內執著之心克制住，然後將心放在如何讓自己清淨之上，清淨了，就定了。一旦定了，當下即有智慧，與打不打坐真的沒有關係。

禪定是什麼？如何才能得到禪定？到底何謂禪？六祖惠能告訴我們，內不亂即是禪。那何為定？不被外境所牽引，不執著於外境，即不著外境為定。能否達到禪定的狀態，跟是否打坐、打坐是何姿勢沒有關係，關鍵在於能否守住這個戒，能否把自己的心攝住。心攝服住了，自然就不被內境所牽引，也就達到了禪的境界；自然不被外境所迷惑，也就達到了定的境界，如此才是真修行。

這就是六度當中第二度，持戒的功德妙用，又稱為持戒波羅蜜，非常重要。六波羅蜜，是佛祖告訴我們在現實中起修的階梯、階段。要達到無相、最高的境界，一定要從有相、有形開始修起，最後再放下形和相，就達到最高

的境界。想達到定境，直接放下判斷，其實根本做不到，那只是理。我們總以為自己能夠放下判斷，其實好好觀察就能發現，即便知道這個理，現在已經開始起修了，但是一天當中甚至兩秒鐘的時間，心都清淨不下來，都不能放下分別。因此，只知道理沒有用，還需要一點一點的熏修。

為什麼我們做不到呢？因為，我們的心生生世世都沉迷於內五欲之中，無時無刻不被外境所牽引。

有人不解的問：「老師，六祖惠能為何能夠一聽《金剛經》中的應無所住而生其心，馬上就脫離出來了？」

其實，那是六祖積生累世修行的結果，到那個點了，瞬間豁然開悟。所以，修行都要有個過程。

有人還有疑問：「老師，前面不是講了嗎，一念迷即凡夫，一念悟即佛。只要不判別，一旦放下，清淨了那就是佛，不需要積生累劫啊！」

那都是理。不去積生累劫的修，一秒鐘的清淨都沒有；所謂頓悟法門，那是理，是天上的太陽。這就好比，理論上你到達太陽就成佛了，你天天能看到太陽，那麼你能到達太陽嗎？太陽距離我們一億多公里，你還是要起步，一步一步向著太陽走去，只知道理就能到達嗎？所以，現實中我們修行，要仰望著星空，但不能忘了腳踩著大地，要

在大地上一步一步的起修起行，而後上了天梯還要一步一步的往上爬，最後才能到達太陽。需要堅持修，而這個修就是六度，即是六種修智慧的方法，稱為六波羅蜜。

我們要加意識的去修，腳踩大地一步一步往前走，必須要有這個過程。把貪心修弱、化解，就從有相布施、有意識的布施，逐漸轉化成無相布施、無意識的布施，那時功德就大了，就達到《金剛經》所說的狀態，斷離捨之心就發出來了。那時候的布施，都已不是為了布施而布施，都是大智慧的呈現，別人也沒覺得你在布施，自己都沒覺得自己在布施，但布施的功德已盡三界，無窮無盡，得到的功德就如《金剛經》所云，說不盡。

同樣，持戒也是要先有相、有意識、刻意的持戒，逐漸轉變成無相的持戒、無意識的持戒。到那時候，就能做到面對一切內五欲和外六塵，戒體清淨，就能在定中，常生般若智慧。所以，一切的修行都是從有形、有相中起修。《六祖壇經》給我們講的就是禪宗的心法，告訴我們的是何為最高境，指明了太陽在哪裏，但不代表僅僅描繪太陽就能到達太陽。不能只是說，修行就是從放下分別開始起修。如何放下分別？怎麼才能放下分別？是想放下就能放下的嗎？所謂不執著，離境就能放下分別，然而如何離境？

天天就在境中，我就是境的一部分，那怎麼離？指望佛菩薩從境中、從地獄中伸手將自己拉出來？那是不可能的。還是要自己拔出來，如何自己拔出來？在境中、在地獄中，我已經與其融為一體，就像一塊大石頭，自己是石頭中的一部分，那怎麼拔出來？只是想我不是石頭，我放下分別了，其實那還是石頭在想，沒有意義。

《六祖壇經》、禪宗告訴我們的是理，是個方向、是最高境界，但是不能從此起修。所以佛菩薩慈悲，告訴我們方便接引的法門，告訴我們如何從現實中起修。我們一定要從六度、八正道，從現實中開始起修，在行上修。行什麼，修什麼？有正道、有邪道、有外道，不能去修邪道、外道。一提及禪定就是打坐、觀呼吸、止念頭，認為求無念就是定，在身體上修，那些都是外道。一切的修行都是從心上修，布施是在心上破除貪欲，持戒是在心上修得清淨，都是從大石頭當中脫離出來。大石頭就是六道輪迴，因為欲望，我跟大石頭融為一體，這個世界的人事物都是因欲望而來，如果不把邪欲、執著之欲、貪欲、嗔恨之欲、殺欲、盜欲、妄語之欲、邪淫之欲都戒掉、斷掉，就永遠都無法從石頭裏出來，就會始終被欲望所牽引，不斷輪迴。

這就是持戒的重要性、持戒的作用。持戒是從心上即

攝心，脫離欲望。這就是以正修、正行得般若大智慧，而後才能到彼岸。六度亦稱六波羅蜜，每一度都是有對治的，當我們把這些所對治的都修清淨了，我們自然就解脫出來了，自然就得正定，得大智慧了。

第十五章

現實修行腳踏大地

忍辱波羅蜜跨六度治瞋毒

六忍皆凡夫是圓滿前提
忍辱實強大佛無忍無辱

「摩訶般若波羅蜜，最尊最上最第一」，為什麼是最尊最上最第一，其中之理已經講了很多，我們在這裏主要講的是如何修行，尤其是在現實中怎麼修，只有理，就如同空中樓閣，又好像遠遠的看著太陽，卻奔不過去，必須還得腳踏著大地，同時眼望著星空才可以。目標明確，方向正確，最後我們才能到達波羅蜜的彼岸。

然而，腳踏著大地一步一步向著目標走，到底應該怎麼走？現實中究竟如何修？這其實就是佛菩薩、佛祖給我們指出的八正道。而八正道的具體修習方法就是六度，亦即是六波羅蜜。前面講了兩度波羅蜜，第一度是布施波羅蜜，即布施的智慧。勤修布施，能得智慧。在布施中悟般若大智慧，所以稱為布施智慧；透過布施我們能夠得到趨向於圓滿的智慧，即是所謂布施大智慧。

第二度是在現實中要修持戒波羅蜜，即是在現實中我們要嚴守戒律，持戒當中我們能夠得定，定得下來就能夠得智慧，這是相輔相成的。而且，持戒屬於跨六度，這是

何意？即不管修什麼，都離不開持戒，例如布施也離不開持戒，任何事都不可太放縱，不可偏執。何為戒？即是要懾住我的心，讓我的心不動，讓我的心平靜下來，不會被欲望所牽引。

本章所講的稱為忍辱波羅蜜，也是非常重要的。那麼，六波羅蜜中哪一波羅蜜最重要？六波羅蜜亦稱六度，是佛祖為了指導我們修行，將我們引向成佛之路，把所有修行中最重要的六個修行方法濃縮，已經把精華都呈現給我們，其中沒有哪一個是所謂最重要。

在六波羅蜜的基礎上，其實還有四波羅蜜，佛法共有十波羅蜜，也就是十度。我們現在先講解六度，六度之後再講解另外四度。而另外四度即是方便度、願度、力度、智度。這十度就是佛法修行中，使我們得到般若大智慧的、最重要的、波羅蜜的修行方法，也即是大智慧的修法。

忍辱波羅蜜也是非常重要的波羅蜜，如何修忍辱？為何要忍辱？忍辱亦稱為跨六度。從字面上看，忍的是侮辱，即是別人對我的侮辱、瞧不起、攻擊，對我所受的委屈，我要有一顆忍辱之心。這是一個態度，這是一種狀態，這裏面是有大學問的。如何忍辱？什麼辱可以忍？什麼辱不能忍？忍辱有多少個層次？如何把握？在現實中如何修？

都非常重要。

　　為什麼稱為跨六度？首先，布施必須得有忍辱做基礎，沒有忍辱做基礎也就布施不了。為什麼？我們每一個人都被貪欲所牽引，從自我、自性的角度講，我得到的越多越安全，這是人最根本的貪欲。那我怎麼能夠布施呢？怎麼才能發起布施的功德，發起布施的智慧？首先就得忍，忍住貪，止住貪心、貪念、貪妄想，而後才有可能捨。

　　而我們持戒的時候，持戒即是自律，最基本的就是自己守住行為道德規範、道德標準。在守的過程中，一定得忍，此時忍的就不是辱了，而是忍欲，忍的是欲望，亦即忍的是內五欲外六塵，不被外界所牽引。外界的誘惑這麼大，怎麼辦？得忍住。如果沒有這個忍，持戒也持不了，布施也布施不了。

　　忍的基礎是自律，忍又是自律的前提。要想修行，我們就是從方方面面不斷自律，然而自律又不等於壓抑。這是我們不斷起修的過程，雖然知道了方法，但修的過程也不能走彎路，不能背道而馳。所以，修行是有方法、有正確手段的，在此著重講授忍辱，六度當中還有精進、禪定、般若智慧，哪一個都要忍。精進也得忍，要對抗的是懈怠；後面怎麼修禪定？還是得忍，即心不被外境所牽。

所謂內心不亂，外離諸境，即是禪定。然而，內心怎麼能不亂？如何做到內心不動，如何做到定，如何得到清淨心呢？心不隨妄念、不隨雜念跑。雜念和妄念，就像魚網一樣抓住心，拼命往河裏帶、往水流湍急處帶、往深淵裏帶，如何能夠擺脫？怎麼能夠解脫？還是得忍，得忍住了不為所動，就是不於境上生心，不於念上生念，那還怎麼帶我？那就帶不走我。因此我得忍住，不受外境的迷惑，不受內心的牽扯，我忍住才能修得了禪定。

智慧也是一樣，如果最基本的忍都做不到，最基本的自律都做不到，還能有什麼智慧？那樣就會隨波逐流。所以，忍辱波羅蜜即是跨六度，每一度、任一波羅蜜都離不開忍辱。

在現實中，忍辱可以分為六個層次，第一個稱為力忍，第二個為忘忍，第三個為反忍，第四個為觀忍，第五個為喜忍，第六個為慈忍，這就是忍的六個層面，也就是現實中針對忍辱的六個狀態。

何謂力忍？當我碰到外界對我的詆毀、對我的侮辱，與我的衝突，此時我就要壓住。忍是對治憤怒的，忍是對治嗔恨的，我就要把憤怒心用力量壓住，不讓其生起，堅持使自己不去恨。

忘忍，有點像宰相肚裏能撐船，無論害我、貶低我、不贊同我、侮辱我，我忘了，當作沒有這回事，這就是忘忍。這個境界就比力忍要高一點，我不與小人一般見識，我不當回事，即是忘忍，一點一點練，這也是一種練。有的人練了一輩子力忍，自己堅持忍耐，這個過程很痛苦。忘忍就高了一個境界，我宰相肚裏能撐船，我心胸寬廣，我不跟小人一般見識，這就是所謂忘忍。

還有反忍，就是你譏諷我就是譏諷你自己，跟我沒有關係。即是反過來，你說誰？你罵誰？我不生氣，反而氣死你，這稱為反忍。

何為觀忍？觀忍就是學了一些佛理之後，我們知道一切唯心造，一切相皆是虛妄。所謂觀，即是觀空，也就是所有的譏諷、所有的嘲笑、所有的欺負、所有的攻擊、所有的侮辱，其實本是空性，本不存在，這就又高了一層，稱為觀忍。

何為喜忍？即當別人欺負我的時候，別人針對我、侮辱我、謾罵我、毆打我，甚至殺害我的時候，我不痛苦，反而心生歡喜。為什麼心生歡喜呢？我認為你是在磨練我，你給我造成的逆境，其實是在幫我修行，我們稱這種為喜忍，即反而生出感恩之心，反而歡喜，反而認為我沒受這

些磨難，就不能有今天的造就，這是在烈火中燒我、鍛煉我，這就是喜忍。

意即是，師父一定會考驗弟子，弟子如果明白這個理，就修忍辱波羅蜜，知道這是師父對自己的考驗，就是用烈火在焚燒自己。明白為什麼要焚燒？因為我是一塊鋼，師父看到我是塊鋼，所以才會用烈火燒我、考驗我。師父這樣對弟子，弟子不恨反而生出歡喜心，為什麼師父不考驗別人呢？為何只是考驗我呢？因為別人還沒到那個程度，師父不敢考驗，這是為何？如果不是優質的礦石，一把火燒過就成渣子了，那師父就不可能燒了，只能保護。所以，師父對弟子也是一樣，一定是把最有造就、最有潛力、真正能練出真鋼的，不斷用各種方法考驗他，也就是烈火在燒他，真正經過了烈火的焚燒，然後再千錘百煉，才會成為百煉鋼，而後才能造就繞指柔，才真正在現實中能堪大用，這即是所謂喜忍。

何為慈忍？那就相當於佛菩薩，當看到別人在侮辱自己、謾罵自己的時候，不會心生憤恨，不會心生怨，也不會恨，不會去報復，如果會就不是佛菩薩了。看著惡人對自己惡言、惡語、惡行，反而心生憐憫。為什麼？因為眾生在造惡業，後面的果報其實很嚴重。不是我要懲罰他、

報復他，就像佛菩薩看著眾生對自己所做的侮辱、謾罵、毆打，踩自己的像、詆毀自己的經典，不是恨，而是憐憫，心生慈悲，這種就稱為慈忍。

這六忍層次不同，而這六忍皆為凡夫之忍。有人感覺所謂慈忍，不就是佛菩薩之忍嗎？其實不是。我們只是打個比方，好像佛菩薩對眾生發出的慈悲心，形成了所謂的慈忍，但其實不是。這六個層面都只是凡夫層面的忍，還都在忍，還都是凡夫的層面。到了佛菩薩的境地，根本就不會著相，因為佛菩薩心中沒有誰是在害自己、沒有誰是在侮辱自己、謾罵自己。佛菩薩本就無相，當無我相、無人相、無眾生相、無壽者相的時候，哪有什麼忍？哪有什麼辱？我相都沒有，哪還有什麼侮辱？還有誰在攻擊我？在侮辱我？總得有個我，然後才會有個他，才會有所謂「人我」。

人我越嚴重、人我越分別、人我差異越大、越執著於我，才會有很強烈所謂的辱。一個捧一個辱，有人捧我、讚我，就開心；有人污蔑我、誹謗我，就憤怒，都是因為有了人我，才有謗、才有捧、才有讚、才有悔，是建立在我相與人相的基礎上的。佛菩薩是無我相，無人相，無眾生相，無壽者相，根本不可能忍，連一個起心動念所謂「誰

侮辱我」都不會有，這裏更深入的我們後面講。所以這六個層次的忍，其實都是凡夫之忍，因為還是有一個「我」，有一個人在攻擊我、在侮辱我，此即謂凡夫之忍。

忍又有三個方面，一為生忍，一為法忍，一為無生法忍。何為生忍？比如，外面的人對我心理上，或者生理上的侮辱、欺辱、誹謗、攻擊、毆打，包括外面的動物，例如蚊蟲叮咬我的身體，虎豹傷害、捕食我的身體，對這些就是生忍，是在生理上、心理上，即生死的生。何為法忍？就是來自於自身的感受，比如老、病、痛，身體裏發出來的感受，就像熱、煎熬、奇癢無比，身上的痠痛、神經痛，對這種就是法忍，又是一個角度。

第三個稱為無生法忍，修的就是個空。空為何意？即外界對我所謂的攻擊，真的存在嗎？都是虛妄，不是真實的，內裏發出的感受，老、病、痛、熱、冷，這些是真實存在的嗎？也不是真實的，都是我的執著與妄想生出來的。其實，我的身體感受，以及外面人對我的攻擊，都是一切唯心造，都是我自己造的，而不是真的。所以，當清楚這一點的時候，就是所謂無生法忍，即沒有生忍、也沒有法忍，就稱為無生法忍。

以上這三個方面或者三個角度，即是佛經裏對忍做的

歸納和定義。那麼修忍的重要性在哪裏？可以這麼說，一切的佛，一切有成就者，一切成功者，離開了忍都不可能達到目標。忍是所有的圓滿解脫、成功、成就的大前提。離開了忍誰都不可能成功，尤其是在修行這個角度，忍的就是我們的嗔、恨，一個人嗔、恨心極重，會帶來非常嚴重的後果，會無法自律，就會經常小不忍則亂大謀，就會壞事。我們奔向圓滿修行這條路上的那些障礙、毒，其中貪是第一大毒，嗔、恨、憤怒是第二大毒，癡、癡情、癡心、太執著、放不下是第三大毒，此即所謂三毒。

怎麼對治三毒？布施對治的是貪，持戒對治的也是貪，我們之所以會執著，之所以會犯惡業，陷進深深的惡業當中，都是為了欲望。我們怎麼能夠戒除這種欲望，不去犯惡業，就要透過持戒，對治的也是貪，是對欲望的貪，使我們不深陷在欲望當中無法自拔。其實，前兩度對治的都是貪。

那麼忍辱對治的就是嗔、嗔恨心。之前修行得再好，嗔恨心一起，也會把之前所有的福報、功德都燒掉，化為灰燼，這即所謂火燒功德林。火是什麼火？即嗔恨之火。嗔即憤怒、發怒，人一旦嗔恨了，立刻就會失控，當人失控的時候，言行舉止就不理性，就會做出那些自己都意想

不到的事情，或者違紀、犯法、傷人、甚至傷天害理，都是在憤怒的狀態下做出來的。一次大的憤怒就會把你前面修的一切福報與功德燒個精光，所以一定要注意，如此所造的惡業是積累多少福德都抵銷不了的。所以，在現實中我們要修佛法，要得到最圓滿的般若波羅蜜，一定要修好忍辱，修好這個忍。

有人問：「老師，我怎麼忍呢？怎麼修呢？別人打我，我也不還手，我就是忍著，對不對？然後別人欺負我，別人對我搶奪，我就讓他搶，對不對？是不是就是先忍後讓，就是一直忍讓？我在現實中一切都妥協，不與人爭利，不與人爭任何東西，別人打罵我，我也不還手，打我的右臉，我就把左臉伸過去讓他繼續打，對不對？這是否就是忍辱的功夫啊？」

你錯了！在現實中如果這樣去修，你就修邪了，你就不知道忍辱到底忍的是什麼。在現實中如果個人這樣去做，就會處處被人欺負。

人的本性是什麼？其實就是叢林法則。何謂叢林法則？即弱肉強食、適者生存。要記住，忍不等於讓，忍不等於妥協，忍不等於我是弱的、我是好欺負的，可不是這些。如果這樣想，修佛法就修偏、修邪了。修佛法，一定

得是越修越積極、越向上、越進取，修佛法一定是越修越強大、越強壯。何為佛？佛是雪山獅王，是超越於轉輪聖王的，轉輪聖王已經是大英雄了，是掌管一個宇宙的王，威力、力量無與倫比。而佛比轉輪聖王還要高大、強壯、威猛得多，那樣才是佛。

修佛怎麼能越修越弱小，越修越妥協，越修越怯懦，那怎麼可能？絕不可能。那樣修的就不是忍，就不是忍辱波羅蜜了。那修的就是弱小，就像牛羊在草原上是食物鏈的最底端，任誰都能欺負，狼來了啃兩口，虎來了踢兩腳，雄鷹來了叼兩下，牛和羊就只能忍，除了忍什麼也做不了。牛羊的牙不如人鋒利，蹄是平的，爪也沒有，只會吃草，一點力量都沒有。而牛羊的那種忍，可不是我們這裏講的修佛的忍，這一定要清楚。現實中我們是越忍越強大，不是越忍越讓。忍是一種智慧，我們所修的這個忍，是修忍辱的大智慧，由忍最後要入定，有定之後才有智慧，我們的一切、也即六度都不離般若，都不離波羅蜜。

我們為什麼要修六度？一定是修出六度以後，就會得到世間的圓滿。在世間越修越懦弱，越修越妥協，那怎麼圓滿呢？在世間都被人不斷的欺負，還天天說要修成像佛一樣的雪山獅王，怎麼可能呢？修佛法，首先在世間是有

極大的威力和威嚴的轉輪聖王，然後才有可能去修佛菩薩，如果世間的轉輪聖王、世間王都修不成，那憑什麼修佛法？佛法豈是最怯懦、最軟弱的人去修的？佛法絕不能讓我們越修越懦弱、越修越妥協，不可能修佛法最後修的都不符合宇宙自然的規律了。

宇宙自然的規律是什麼？就是適者生存，弱肉強食。就是這麼回事，強大才能長久。佛謂之常樂我靜，世間沒有任何天敵，沒有任何人能把佛滅了，所以稱之為常；沒有任何煩惱，能夠制服所有的煩惱，那得是多麼強大，所以修佛修的是這種強大的圓滿，這才是真正的佛。釋迦摩尼佛祖是太子，其實後面就是國王，但他放棄這些，走上修佛之路，當他修成的那一天，全世界所有的國王，見到佛祖之後都得跪拜，都得禮敬於他，世間的王都得以佛祖為師，都得尋求佛祖的保佑。我們真正修行、修佛、學佛法，這才是目標。

因此，大家一定要記住，這裏的忍絕不是無條件的禮讓，絕不是無條件的妥協，絕不是軟弱的代名詞。不要沒有勇氣面對世間的衝突、世間的挫折、世間的磨難，連世間的人際關係都無法面對，卻以我是修佛的、我修的是忍辱波羅蜜，以我不跟人發生衝突、不跟人有爭端、不與人

搶奪，以此當作藉口逃避世間，然後就說我是看破紅塵，退隱山林，你們去爭吧，我不跟你們爭，我既不愛財、視金錢如糞土，又不愛官、不跟你們爾虞我詐、用盡心機，我就修我的大自在。告訴大家，這絕對不是佛法！

　　佛法絕不是讓我們每個人都退隱山林，都在山洞裏不與人接觸、與世隔絕，絕不是讓我們逃避世間。佛法一定要在世間修，所謂大隱隱於朝，中隱隱於市，小隱隱於野。隱於山的即是小隱，是最沒有出息的隱，甚至那就是邪而不正。我們修佛一定是，越修忍辱越強大，越持戒越強大，越布施越強大，這才是真正的佛、真正的佛法。

第二節
雪山獅吼震懾群獸心不動
修六度正路成佛邪亦成魔

有的同學對佛學、佛法有所研究，就說到：「老師，說到忍，所謂忍辱波羅蜜，《金剛經》上釋迦摩尼佛祖說過，他曾經做了五百世的忍辱仙人。佛祖在修行的時候，歌利王把他的身體支解截碎了，但是他沒起一絲嗔恨之心，那不就是殺就殺了嗎？」

這是一個佛典故事。在很早以前，也不一定是在這個世界，有一個國王名叫歌利王，他有很多美麗的妃子，有一次他們一起到山裏玩耍、狩獵，歌利王睡午覺的時候，這些妃子想出去玩，她們就跑到了山頂，看到一座廟，進去廟裏之後發現有一個年輕的修行人，也就相當於一個和尚，正在打坐修行。這些妃子們看著很好奇，就圍著修行人坐在一起，讓修行人給她們開釋講法。然後修行人就給這些美麗的妃子做開釋，講經說法。這時候歌利王醒了，發現妃子都不知去哪兒了，怕她們有危險，就提著寶劍上山尋找，走到廟裏發現一個年輕的和尚，肯定長得挺帥的，而妃子圍繞著他，感覺特別的熱烈，而且那種感覺特別融

洽、親密。歌利王誤會了，認為和尚在調戲他的妃子，上去一劍就把和尚的臂膀砍下來，他是國王，殺人都無所謂，誤以為和尚敢調戲他的妃子，提劍就砍！

但是，砍下和尚臂膀的那一瞬間，和尚並沒有起瞋恨心，當下對著歌利王，立時發了一個願，「我以後成佛了，我第一個度的就是你。」

後來歌利王把和尚節節肢解、大卸八塊，直接分解了。而這個年輕的和尚，其實就是釋迦摩尼佛祖在做忍辱仙人那一世的經歷，當時他一絲瞋恨心沒起，當疼痛生起的時候，臂膀被砍下來、身體被肢解的時候，他是會疼痛、有恐懼的，但是馬上他就開始參悟，這個疼痛是從哪裏來的？本來是虛的、是妄的，為何會有疼呢？這就是我的一個感受而已，其實是假的。所謂肢解，身體也是由我的心發出來的五蘊和合而成，五蘊都是空的，和合而成的身體、因緣的身體本來也是空的、是假的、是虛的，既然是空、是假、是虛、是妄想出來的、是不存在的，那真的存在疼痛嗎？真的存在被分解嗎？這就是他修行的過程。

在被肢解的過程中，釋迦摩尼佛祖即是當時的忍辱仙人，就在修行，隨著他的念頭的啟動，隨著他看透身體的本質、看透自己的感受，當然這不僅僅是從理上解了，這

些都是悟和證的過程。他心裏真的恍然間就悟到了，忽然就證到這個境界，原來身心皆空，皮肉、身體這些看似我的東西，看似我的肉體、血脈、骨骼，這些都是虛的、都是妄的，一下就證到了這個點。在證到這一點的瞬間，他被肢解的身體立刻又和合而成了一個整體。歌利王一看就嚇跑了，這是人嗎！妃子們也全都嚇跑了。

後來，到歌利王後世的時候，也就是佛祖當太子的那世，在佛祖出家的時候，國王亦即釋迦摩尼佛祖的父親，知道太子出家，派了五個最信任的大臣去追，要把太子追回來，不讓他在外面受苦，也是為了他的安危擔憂。那麼這五大臣當中有一個就是當年的歌利王轉世，他暗中給釋迦摩尼佛祖做了護法。所以，再後來的時候，佛祖菩提樹下真正徹悟成佛的時候，他第一個度的人就是歌利王的後世。

剛才同學即是說：「老師，您看《金剛經》中佛祖講當時的歌利王，節節肢解忍辱仙人身體的時候，他沒有生起一絲的嗔恨心，其實這就是他修行的過程。那不就是說，別人在傷害我的時候，我也不反抗，我也不反擊，我就是在修，我就是忍。現實中我是不是應該這麼修？」

告訴各位，不可以簡單、粗暴的理解忍，不能在形式

上把佛經忍辱的典故例子拿過來在現實中去應用，那是不對的。為什麼？這其中忍辱的學問，真的很深。真正的忍辱，不是在行為上放下，不是在行為上妥協，不是在行為上不爭取、不對抗、不對立，那是兩回事。真正修忍辱的重點是在辱上。意思是，真正要修忍辱，這個辱是有形有相之辱，還是無形無相之辱，辱的本質又是什麼？

有人馬上回答：「老師，不就是別人在攻擊我，別人在誹謗我，別人在欺負我，這不就叫侮辱嗎？」

對了，就是要知道這種侮辱的本質是什麼？真的存在一種所謂別人攻擊我、誹謗我、欺負我嗎？這些的本質是什麼？別人為什麼會侮辱我、欺負我？別人真的在侮辱我、在欺負我嗎？我真的要忍嗎？我忍的又是什麼？什麼是我需要忍的？

當你說到現實中要忍的時候，其實你已經入了邪道，你還認為現實中有個真正的東西叫做侮辱，這個時候你就已經偏了，已經落入凡夫的境界了。

有人疑問了，「老師，那到底有沒有欺負？有沒有侮辱？有沒有誹謗呢？」

有。在凡夫的境界中這些都有。

繼續問道：「那我應該如何應對呢？我要不要忍呢？」

你要清楚，你的起修處就是要從忍上修，你要清楚這個忍到底是哪種忍？這個忍是在行為上的忍，還是在心理狀態上的忍？一定要清楚，這是不一樣的。行為上的妥協、行為上的迴避、行為上的軟弱、行為上所謂的禮讓，這是最初級的忍，也是最低級的忍，是最淺顯的忍。我們凡夫一定先從這兒開始起修，到後面再修看透辱的本質，當看透本質以後，你就知道，其實沒有一個什麼東西叫做侮辱的時候，沒有一個什麼東西叫做欺負的時候，還在忍什麼？還需要忍嗎？

我們在現實中，如果按照行為上的忍去修行，也就是無論誰罵我、誹謗我，我都用力忍壓制我的嗔恨之心、報復之心。那麼總有一天是要反彈的，總有一天就會發展到一個階段，即忍無可忍，無法再忍。此時就會大爆發，或者一直不敢爆發，但是壓到一定程度後就消亡了。爆發、消亡具體是何意？受了別人的欺負、侮辱、謾罵、誹謗，自己無力還手，又得忍氣吞聲，之後或者就會爆發，而爆發後就會做出一些極端的行為；或者絕望，就會絕望自殺。

現實中有太多這樣的人，在忍中，要嘛忍不住了，我去殺人！要嘛忍不住了，我不活了！這就是走向了兩個極

端，這就是力忍、忘忍、反忍、觀忍、喜忍、慈忍，還都是不究竟的忍，這都還是在忍。只要覺得還在忍，就是不究竟，就不是解脫，就是在壓抑。不論如何解釋，認為欺負我的人、罵我的人、打我的人、攻擊我的人，其實就是我的貴人，是在幫助我，這就是所謂的阿Q精神。再比如觀忍，認為一切相皆是虛妄，因此在忍，也還是不究竟的忍。

剛才我們講釋迦摩尼佛祖年輕的時候，那是忍辱仙人五百世，即是修忍辱修了五百世，非常不簡單。釋迦摩尼佛祖在《金剛經》中告訴我們他怎麼修成的佛？你以為僅是菩提樹下坐四十九天，突然夜睹明星，一下大徹大悟就成佛了？那麼你也去那棵菩提樹下坐四十九天試一試？你坐四十九年都修不成佛。為什麼？佛祖是生生世世的積累，看看《金剛經》中佛祖直接就講述了他的修行過程，只是講了他前世修行的一段，連續做了五百世的忍辱仙人。這是何意？他是修什麼修成的？釋迦摩尼佛祖就是修六度波羅蜜修成的，所以他把自己修成的方法告訴我們，這就是佛經、佛法的緣起。而他修六波羅蜜當中的忍辱，僅此一波羅蜜、一個修行法門，他就修了五百世。而你修過六度嗎？

有人現在還說：「老師，我怎麼聽說佛祖應該是當下即能成佛，應該是即身成佛啊。」

那僅僅是理。你只是在理上知道，在事上你行過嗎？對於事在理上解你是理解了，為什麼悟不出來？為什麼證不到？因為你沒有那個過程。所以，所謂即身成佛，我們看到釋迦摩尼佛祖是即身成佛，六祖惠能是即身成佛，都是活著的時候就成佛了，大徹大悟即身成佛，這僅僅是看到結果，前面修行的過程看到了嗎？我們知道釋迦摩尼佛祖是這樣修六度修成的，那六祖惠能又是怎麼修的呢？在此告訴大家，所有的佛都是從這兒出的，都是從這兒修的，離開這兒都是邪門外道，修不成佛。後來那些按照別的方法修的人，全都成魔了，都沒修成佛，修得越刻苦、越精進，最後成功的成了魔，根本成不了佛。而現實中只有修行之心，又不精進的，連魔也成不了，根本什麼也不是，就是一個普通的凡夫俗子。

所以六祖講摩訶般若波羅蜜，最尊最上最第一，沒有第二。成佛之路只有一個摩訶般若波羅蜜，沒有別的。不要一看講的是最尊最上最第一，就認為有第一是不是就有第二，就有次之啊？沒有，僅此一個即所謂不二法門。所有的修行，要想走入正道只有一條，沒有其他。

然後六祖惠能接著講「無住無往亦無來，三世諸佛從中出。」看到沒有，何謂三世諸佛？首先，無住指的是當下，無往是未來，無來是過去，無住無往亦無來，即是過去、現在、以及未來，是不是包括了時間的一切？三世諸佛從中出，三世是指哪三世？即未來世、現在世、過去世，而「諸」代表的就是所有的一切，沒有任何一個例外，都是從摩訶般若波羅蜜出來的。

　　所以六祖在講什麼？摩訶般若波羅蜜，最尊最上最第一，所有的佛、圓滿者亦即覺悟者，全都是從此處出來的。我們現在講如何在現實中修摩訶般若波羅蜜，所以講六度，由六度引出八正道，八正道又引出六度，這是迴圈的。八正道即六度，六度即八正道，到後面都是戒定慧，即是三無漏學。

　　前面我們講過，戒是正語、正業、正命，定是正精進、正念、正定，慧是正知見、正思維。所以，八正道完全切合三無漏學，而三無漏學就是究竟之學、圓滿之學，就是戒定慧。最後要修得般若大智慧，要想到達彼岸，實現圓滿目標，都離不開定。由定生慧，由慧而定。在此講忍辱波羅蜜，那麼沒有忍辱波羅蜜能有定嗎？忍辱又是定的前提。

有人說：「老師，前面不是講，持戒是定的前提嗎？布施是定的前提嗎？」

對，都是！精進也是定的前提，禪定也是定的前提，般若也是定的前提，六度全都是為了得定。但是這個定是哪個定？是如何定？怎麼才能定？所以在此我們強調，幾個波羅蜜都是助行、助修，但必須得從這些入手，然後積生累劫的這樣修，才有可能最後得定。釋迦摩尼佛祖，積生累劫就是修六波羅蜜，一個忍辱波羅蜜就修了五百世，那布施波羅蜜修多少世？持戒波羅蜜又要修多少世呢？精進波羅蜜修多少世？禪定波羅蜜修多少世？最後能得到般若波羅蜜，才能最終有個結果。這些都是要經歷的，必須都得經歷，繞不過去的。而佛祖就是在正道上不斷的修，最終修到了這種程度後，他就成佛了。

你以為成佛真是那麼簡單嗎？簡單，理很簡單，破除執著與妄想，放下分別就成佛了，但這僅僅是理。為什麼除了釋迦摩尼佛祖到六祖惠能，很難再找出哪個人成佛了？幾千年來，多少芸芸眾生在這個地球上誕生過，哪個成佛了？沒有了，為什麼？可不是那麼簡單！佛祖是給我們指出了一條成佛之路，但是修的過程必須得腳踏大地，修行的過程是漫漫長路，都得去經歷。八正道是方向、是

正路。六波羅蜜就是具體修行的方法，缺一不可，缺一個都得不了定，心都止不住，心都定不下來，那憑什麼放下分別？又怎麼能放得下分別呢？

剛放下了分別，覺得都無所謂，其實什麼都沒有對錯，都沒有是非。這時，身邊的人誹謗你，說你天天講布施，天天說做慈善，都是扯淡騙人，就是為了要名。你天天在修布施，你覺得發心為別人做慈善，然而眾生怎麼看你？眾生知道你的初心嗎？眾生知道你為什麼去做慈善嗎？所有眾生的本性是什麼？就是恨人有，笑人無。眾生會認為，你憑什麼比我高尚？你有什麼目的？人人都是交易心態，對不對？所以，所有做慈善的人，哪一個不害怕？你這邊做著布施，那邊得到你恩惠的眾生卻在恨著你、罵著你，你正在修定，心剛放下分別，是不是立刻瞋怒之心就又起來了？

你就在想：「他們怎麼這麼不理解人呢？怎麼能誣陷我、誹謗我呢？怎麼能懷疑我的初心呢？」

如此，瞋恨心就起來了，「我再也不理他們了，再也不去為那些白眼狼做事了。我有那錢還不如自己享受！」

世間太多這樣的人了，驟然憤怒，怒火中燒，火燒功德林，就把前面所有做布施的功德全都燒得一乾二淨，而

且從此以後可能就改變了，不再布施了。其實，為什麼會這樣呢？就是因為既不明白布施真正的含義，又不懂何謂修忍辱波羅蜜。

有人還是說：「老師，那現實中我是不是就得忍，別人打我、誹謗我，我是不是都得忍，也不能還手？」

這是錯的。何謂轉輪聖王？修佛法為何稱為雪山獅王？一頭惡狼看著獅子威武的站在那裏，然後惡狼衝上去咬了獅子幾口，獅子卻得忍，獅子反而說，「狼你再咬我兩口，我得忍，我正在修忍辱波羅蜜。」結果狼把獅子吃了，那還能稱之為雪山獅王嗎？

那種懦弱狀態，如果所有學佛的人全是如此，那人將不人、家將不家、國將不國，民族都得亡了！那是佛法嗎？

雪山獅王往那兒一站，強壯、有力量、有威嚴，誰敢侵犯？惡狼敢接近嗎？還敢咬敢吃？這是什麼意思呢？所謂忍辱，忍辱波羅蜜，並不是在行動上一味的謙讓，不是在行動上一味的妥協，不是在行動上一味的懦弱。而是在行為上該怎麼做就怎麼做，該回擊就回擊，該反制就反制，該懲罰就懲罰，該施威就施威，該發怒就發怒。雪山獅王發起怒來，一聲獅吼，群獸都得拜服，都得膽戰心驚，但是我的內心可不動。

行為上，事來則應，去過不留；內心中，不憤不恨。不是因為憤怒而反擊，不是因為報復心而發怒，不是因為我的情緒而去報復，而去採取手段。此處的忍辱講的是，我們內心深處的所謂第一義，不僅僅是行為上我要忍、我要讓、我要妥協、我要逃避，不是那樣。如果大家都覺得是在行為上，要去忍耐、忍受、忍氣吞聲，那這個世界不就變成了惡人猖狂橫行的世界了嗎？所有修佛的善人都讓著惡人，都不理、都逃避、都妥協、都禮讓，那世界可真的就是五濁惡世、惡人橫行了，那怎麼可能！

所以，這一點一定要清楚，我們如何修忍辱波羅蜜，從哪個角度去修，怎麼透過修忍辱波羅密，達到內心定的境界，然後大智慧才能出來。修忍辱波羅蜜是需要智慧的，所以才稱為忍辱波羅蜜。沒有智慧的人修不了忍辱，一修就邪，一修就偏執，一修就錯，成不了佛反而會成魔。為什麼會成魔呢？因為只是認為忍辱就是忍著，一再的忍，不斷的忍氣吞聲、無所作為、不跟人抗爭。忍到一定程度後，一定會有一天到了忍無可忍，無法再忍的時候，就成魔了。所以，忍辱波羅蜜修對了，修到正路上，就能使你成佛；而修到錯路上、邪路上，就會把你帶向魔。

六度中，任一波羅蜜都是這樣。布施也是一樣，布施

錯了，走上邪路，也會把你帶向魔道，就會成魔，那就稱為布施魔，而且是大魔！走上正道，布施就能把你帶向佛道，讓你圓滿。持戒也是一樣，如果走錯路，不知道怎麼修，沒有智慧，持戒這一條就能把你帶向魔道，就會成為持戒魔，而走向正道就給你帶向圓滿、帶向解脫。忍辱更是如此。

第三節

修忍辱返照內心平復情緒
心力強大治人而不治於人

在此我們一定要理解清楚，所謂的忍辱可不僅僅是在形式上、在行為上忍氣吞聲，不是那麼回事。行為上我要做到事來則應，你無緣無故打我一巴掌，我不想那麼多，一抬手先給你回過去一巴掌，這就是事來則應。

有人納悶，「那還是忍辱嗎？人家打你一巴掌，你立刻回擊了，這還叫忍辱？」

這即是所謂事來則應，無所謂對錯是非。你無緣無故打我一巴掌，我先回你一巴掌，然後咱們再說話，再問你為什麼打我。有可能對方說是認錯人了。那好的，不管你是認錯人了、是無意的打了我，還是有意的、就是要打我，現在你打了我，我也打你了，先扯平了。

但是，這其中區別在哪裏？我打你這一巴掌，不是因為你無緣無故打了我，我恨、我憤怒、我生氣了，我才回你一巴掌，不是這樣的，我並沒有生氣。不管你是不是侮辱我，是不是欺負我，我不生氣，我根本沒生氣，但是事來則應，你打我一巴掌，我立刻先給你一巴掌，或者不加

思索就給你兩巴掌，那又如何！是你先挑釁的，但是我並不生氣。

對於辱的行為、侮辱這種行為，要適當的反擊，甚至加倍的反擊。為什麼？相當於告訴你，下回再打我試試！你打我一巴掌，我兩巴掌就把你打倒在地，怎麼樣！你再敢欺負我試試。同時還讓旁邊其他人看到，誰敢欺負我，就是這個下場，殺一儆百，事來了我下手就是重，又能如何。

有人不明白，「老師，您這樣講，那到底還忍不忍啊？」

我在忍，但是忍什麼？我修忍，到底忍什麼？我得觀察。觀察我內心的變化，他打了我這一巴掌以後，我是什麼樣的內心變化。行為上的應對，那是事來則應，我反而要觀察我內心的變化，這才是所謂修行。

觀察自己：「我生氣了沒有？我心中起波瀾了沒有？我覺得不平了沒有？我覺得自己被欺負了嗎？我是不是覺得自己非常委屈，覺得他為什麼欺負我，不欺負別人？我是不是在境上生心，念上生念呢？我是不是在不斷的妄想呢？」

這就是向內去觀察。如果我心動了，一巴掌打到我臉

上以後，無數的妄想出來，無數的分析、判斷出來，「他為什麼敢打我？是因為我家沒他家有錢。他欺負我，是因為他家有錢，因為他爸是當官的。他為什麼要打我？因為昨天我看他女朋友，他誤解了，所以他來打我？」

不斷有想法在心中波瀾四起、驚濤駭浪，因為這一巴掌，驚濤駭浪在心中就開始翻湧，「我到底應不應該還回去？我還是應該跟他解釋？告訴他誤會我了，應該是那樣的……」

但是又一想，「我在修忍辱波羅蜜，他誤解我了，我應該解釋就解釋，但是我忍氣吞聲，反正他是誤會，我也可以理解。反正都是虛的，雖然打在我臉上，但這臉都不是真的，都虛妄的，都是空的。」自己就在說服自己。

然後繼續想，「他犯了惡業，以後佛菩薩得報他，他會有他的果報。我的心得生出慈悲心、憐憫心。他犯了惡業還又打了我一巴掌，惡業更重了。我對他很憐憫，我覺得他太可憐了！」

到底是誰可憐！根本不是這麼修的，也不能這麼修。如果真的按照形式上的忍辱修，所有學佛的人就都是懦弱的人、逃避的人，面對衝突、面對別人的進攻和侮辱時，就都是迴避、逃避、妥協，還美其名曰是謙讓，就是所謂

的忍辱，那樣整個國家就會敗亡，家庭也都保不住，即使娶一個漂亮的老婆，早晚也會被人搶走，或者有點錢了也會被人謀財害命。這樣修忍辱波羅蜜的人掌控一個國家，那麼這個國家也不會強大，整個國家都會被帶向弱小、怯懦。

因此，我們一定要知道，在忍辱波羅蜜上是要修智慧，才能稱之為波羅蜜。修的是什麼智慧？忍辱上我們修的即是得定的大智慧，得定了才有智慧。這個定是心定，也就是當我面對侮辱、面對攻擊、面對誹謗的時候，我的心如何定下來。行為上我可能很激烈，但是最關鍵的是我的心是否定了，這才是真正把目光收回來，行為上我可能更激烈的去反擊、反抗，但是我心中沒起一絲的憤恨，我既不怒、不怨、也不恨、也不多想。

如果想得很多，「他為什麼這樣對我啊？我應該如何對付他呢？」

如此境上生心，念上加念，最後你的定力就被破掉了。一個侮辱的行為，就把你從禪定的狀態中拉出來，你就陷入驚濤駭浪之中，念頭不斷的湧動，情緒上覺得很委屈，還得忍氣吞聲的憋悶，就會進入這種狀態。能定下來嗎？還能有禪定的狀態嗎？根本就定不下來。

所以，心中的忍和行為上的忍，是兩回事，可不一樣。行為上我們講究事來則應，去過不留；心中我們要認清，真的有什麼是誹謗，有什麼是侮辱，有什麼是敵對，有什麼是衝突嗎？別人罵我、看我不順眼，我知道其本質是什麼，很多時候都是羨慕、嫉妒、恨。其實，不僅是因為做了壞事，人家會恨你，做了好事人家也有可能恨你。為什麼？做好事說明你有力量、你有資源、你有財富、你能布施、你能幫助別人，這些本身都有可能遭恨，都會使人羨慕。

人人都會想：「我也想做菩薩，我怎麼就沒有這麼多資源做好事呢？」

僅此一點就會激起別人的羨慕、嫉妒，然後就是恨，別人可能就會罵你。你確實是做好事，甚至幫助了一個人，結果這個人還在罵你。這些事情都是有可能發生的，但你得清楚其本質。別人無緣無故的恨你罵你，說你是魔，本質是什麼？他罵的到底是誰？罵的是你嗎？你一定要清楚，不要認為他罵的就是你。在此明確的告訴你，他罵的不是你，他一定是在你的身上看見那個他接受不了的自己。

這就是其中比較深的含義。我們一點一點的講，就能把這個理講透。這個理就是，所有恨你的人，他所恨的一

定不是你本身，他恨的一定是他自己。反之，你恨別人，你討厭別人，也要記住，你永遠都不是在恨別人，你永遠都恨的也是那個在別人身上看見的、你所接受不了的自己。

自己之外沒有別人，這就是我們要清楚知道的本質。別人稱讚你，也不是在稱讚你，而是在稱讚他自己；別人恨你、罵你，也不是在罵你，他罵的也是他自己。其實當你知道了這個本質以後，你的心就能平下來。

最關鍵的是要修我的心不隨外境而動，我們所講的忍，其實是這個含義。我的心為什麼定不下來？前面一直在講，我的心要嘛向內迷於五欲內境，要嘛就是被六塵外境所迷，深陷於外境，所以我這顆心一時一刻都不可能安定下來，不可能清靜下來。而六塵外境當中很重要的就是侮辱，太牽引我的心了。本來我這顆心，心情很愉快，特別開心，但是別人瞧不起的眼神一旦被我發現了，我這顆心立刻就開始波瀾起伏。

立刻內心大動，「你憑什麼那樣看我？我不就是不如你成功嗎，不就是不如你文憑高嗎！你憑什麼瞧不起我？」

人對侮辱就是特別的敏感，「你為什麼欺負我？你怎麼就不敢欺負別人呢？就因為我沒有你的力氣大，因為我家沒有你家有勢力唄！」

人對侮辱敏感到什麼程度呢？別人不經意的一個眼神，都有可能解讀出來他是瞧不起我。而講這些的意思就是，我們修忍辱波羅蜜，到底在修什麼？其實就是修這顆心，怎麼能夠不隨外境而動。要記住，是心不隨外境而動。

我們生生世世形成一種慣性，觀察別人的表情、狀態、動作，進而分析別人的心理，分析別人在想什麼，然後就形成了「我認為他是這麼想的」，「我認為他內心深處的思想活動是什麼」。這本身是人的高級思維模式，與動物僅僅是本能，不會想得那麼深遠相區別。人會聯想，可以透過對方的一個眼神，就聯想到「他瞧不起我」，然後還能聯想到「他為什麼瞧不起我？因為他家比我家有錢，因為他爸比我爸官大，因為我是單身母親，因為我是私生子，所以他瞧不起我。」這些都是所謂的聯想，因為對方的一個行為，我隨之產生了無數的聯想，然後我再給對方下定義，「他肯定是這麼想的。他瞧不起我。」

這就是人。隨後，內心波瀾起伏，就產生了憤怒，就產生了恨，然後產生一系列的報復行為，就造了惡業。這都是人的心理活動，但是對方是你所聯想那麼回事嗎？對方真的是那麼想的嗎？不一定，甚至可以說一定不是。其實，那都是我們自己生生世世形成的慣性，不斷自我強化

的一種頑固的思維模式，我們告訴自己，別人就是這麼想的，而且他一定是這麼想的，他氣死我了。別人一個眼神，我就知道他在想什麼，而且理直氣壯非常堅定，不然他為什麼是這樣的眼神？其實人家根本什麼都不知道，只是不經意的四處看時，不經意間眼神斜向你、看了你一眼，結果你不得了，聯想了這麼多！這就是人。

我們就是要從這兒起修忍辱波羅蜜。首先要先放下「我認為」，永遠不要去想「他是怎麼想的」，先從這裏開始起修。如此，我的心就不被外界所動，這個外界就是其他人的行為，我不會因為其他人的行為使我的內心大動。何為凡夫？心隨境轉即凡夫。何為佛？心能轉物即同如來，即是佛，即是佛祖。

然後，如何才能做到別人再怎麼想，別人再怎麼做，我的心不隨他而動呢？這就得修、得練。情緒隨時都有可能影響我們的心境，情緒是影響我們定力非常重要的方面。我們修忍辱，修的就是讓我們的情緒平復，讓我們的情緒不受外界的影響，不起波瀾，心就不動了。而對於這方面的修練，就是得修忍辱波羅蜜，有智慧的修忍辱，就是從此起修。外面的任何人、任何事，別人對我做的任何事，都別想勾起我情緒的波瀾。

其實，一個人的力量強大與否，就體現在控制與被控制之上。誰能夠控制更多的人，誰的力量就強大；而被更多的人所控制，就是更弱小的，這跟一個人身體的力氣大小沒有關係。一個很瘦小、手無縛雞之力的人，有可能控制了很多壯漢，而他是用什麼控制的？就是用強大的心力、強大的定力。具體如何實現控制？首先得做到，我不為別人所控制。而不為別人控制的首先是我的情緒，情緒先不被眾生、亦即是外境，即所謂的別人控制。

這就要練我不與外境相應，例如別人橫了我一眼、白了我一眼，被我看見了，我認為他就是瞧不起我，我內心當中的情緒立即就要湧上來了，此時我就要控制，就要告訴自己，我不會與他相應，他瞧不起我或者他如何想，那是他的事，我怎麼想的是我的事。

即使別人公開罵我，那也是他的事。但是，如果我被罵了以後，我生氣了，我的心中起了嗔恨，那是我的事。這一定要清楚，然後所謂的忍，並不是忍氣吞聲。不是別人罵我了，我也沒辦法，我也罵不回去，我也不敢罵，或者認為我學佛法了，就得忍著不能罵。要清楚這可不是佛法。

別人的確是罵我了，他是在氣憤的狀態下罵的我，他

看著我恨，他動情緒了，所以在罵我。而我不能因為別人動情緒、罵我了，就把我的情緒再煽動起來，比別人動的情緒更大，這樣到底是誰失敗了？然後再激起我的報復行為，而他又再跟我反擊，如此兩個人就這樣衝突起來了。這也就是我被別人把我的情緒調動了，把我的內心波瀾調動起來了，把我的禪定狀態打破了，然後讓我做出了一系列的報復行為，又造成了惡業。如此我就被別人控制，我就是凡夫，甚至在凡夫中都不是高等的凡夫。

所謂力量強大，要記住，誰控制了別人，誰能控制別人的情緒，誰能控制別人的想法，誰的力量就最強大。我首先要做的就是我不被別人控制，他罵我了我就罵他，不要認為所學的忍辱就是忍住不能罵，我罵他但是我的情緒並不被他控制，我並不是發怒的罵，不是憤怒的罵，也不是帶著恨罵，這些都沒有。我為什麼罵他？單純就是他罵我了我就罵他，或者我就不罵他。我知道他為什麼罵我，就是想激起我的反擊情緒和行為，然後他再找機會對付我，我知道這一點後，我就不會罵他了。

別人罵我，我只是聽著，心想再罵兩句我無所謂，而他越罵越生氣，因為他想勾起我的情緒，但是我沒有情緒；他想讓我憤怒，結果我不憤怒；他想激起我的反擊行為之

後，他再更激烈的反擊我，然而我不配合，這樣只有他在動怒，只有他在憤恨，只有他在做他的行為，他在釋放他的能量、消耗他的能量。我只是樂呵呵的看著他表演，他瘋子似的表演，此時誰更加強大？但是這可不是形式上的忍，而真正的忍，是沒有什麼需要忍。

當你悟透這一點以後，就沒有什麼需要你忍了，這樣才是真正的忍。你其實無需去忍，你的心總是平靜的。

心之所以不平靜，就是不斷的被外境所牽引，或者就是自己內心對以前的事放不下。比如，總是想著前男友為什麼跟我的閨密跑了？他們對不起我、背叛我，就開始產生恨，產生了嗔恨、憤怒，然後繼續激起之後一系列的報復行為，或者天天在心裏詛咒他們。然而，你天天詛咒，是別人痛苦，還是你痛苦呢？你的心天天都在動，都在不斷的大動著，定不下來，因此你的境界就不斷的墮落，你痛苦煎熬著，你現在就已經在地獄中了。你天天罵人家，不管再激烈的罵，人家還是開開心心、幸福的生活著，而你卻天天在地獄之中。其實沒有什麼人能使我們痛苦，沒有什麼人能夠侮辱我，只有我自己認為別人侮辱我了，認為我被侮辱了，我才能被傷害。

反之，外面的人打我就反擊，我就立刻更狠的打他；

罵我，我就更狠的罵他，但是我心裏不起波瀾，我不被外人所牽引，也不去多想，不想別人是不是在侮辱我，是不是在欺負我，也不分析他憑什麼欺負我。不想這些，我的心是定的，這才是真正的修忍、修忍辱，才知道什麼是真正的忍。

真正的忍，越修外表越強大，反擊的行為可能會更激烈，然而無論我再激烈的反擊，我可並不是帶著氣反擊、不是帶著恨反擊，我是心平氣和的反擊。我的力量不是因為我的憤怒而產生，而是我就應該這樣治他，就應該對他發出雷霆萬鈞之力，就應該對他發出雪山獅吼，我震懾他，但是震懾力量的來源不是恨、不是氣、不是憤怒。

這樣在處理任何問題的時候，才會非常理性，才能夠真正掌握度，真正達到自己要想達到的目的。只有在理性的狀態下，發出力量才會精準、才會到位，憤怒和嗔恨會讓我們失控，看似好像有力量，但那是虛的，實際上是沒有力量的，因為已經失控了，就掌握不了度，要嘛就發過了，要嘛就是不及，那都不是我們要的。我們不是沒有力量，而是要會運用我的力量，該雷霆萬鈞的時候，我就雷霆萬鈞，比任何力量都大；該震懾的時候，我的氣勢能嚇死人，但我的心中可不是因為憤怒，不是因為恨。因此，

我們這樣就是修忍辱波羅密。

比如，歌利王肢解釋迦牟尼佛祖忍辱仙人，為什麼忍辱仙人不反擊報復呢？難道是因為他沒有力量，因為他弱小嗎？不是的。忍辱仙人太強大了。也正如歌利王，因為他自己的誤解，產生了憤怒的行為、失控的行為，才導致他過度傷害別人。然而，即使是武功方面，釋迦摩尼佛祖在做忍辱仙人之時，功力肯定比歌利王高，但是他沒有反擊再去肢解歌利王，反而心起慈忍，「你真的就是一個眾生，太痛苦了，因為你的誤解，你就情緒爆發，就造了大惡業，你太可憐了。以後我得度你。」

如何度他呢？即是讓他修忍辱波羅蜜，不能因為眼見到的外境，馬上勾起無限的聯想，然後就內心波濤洶湧，就產生恨、產生憤怒、產生報復，然後形成報復行為。就是從此開始度他，這種惡行、習性也是歌利王生生世世積累來的，他圓滿自在和解脫的最大障礙，就是恨、憤怒、忍不住，心隨時被外境所牽引，被別人所控制，別人一句話就能讓他殺人，所有這一類人最後都會成為別人的工具、別人的刀，生生世世都被別人所利用。佛祖就是看到了這一點，但想要度歌利王，還是得讓他修六波羅蜜。

六度當中，歌利王主要得修哪一度？主要就是修忍辱

波羅蜜，而且他開始起修，就要先修心如何不被外境所迷，不被外境所吸引、所牽引。別人罵我，我的心不動，但是我想讓別人動的時候，我有各種手段。想讓別人憤怒，我一個眼神就能激起他的憤怒，然後就能讓他產生過激的行為；想利用別人時，我一句話就能利用他；想利用人去害我的敵人、我的對手，我不用親自出手，碰到這種蠢才、凡夫，只需一句話就能調動他的情緒，把他對另一個人的恨調動起來，然後他就會有一系列的報復行為。甚至只需一句，有人說他壞話，或者一句別人瞧不起他，他立刻就會內心大動，然後就會去報復，就會去殺人。別人就是我的利用工具，這樣是不是才真正是強者。

真正的強者不一定是胳膊粗、力氣大、四肢發達。能控制好自己的內心，能調動眾生的情緒，這才真正是強者，這樣修的才是忍辱波羅蜜的真諦。其實，在我心中根本沒有什麼是所謂的侮辱，我不認為有什麼是侮辱，任何人就調動不了我，只有我認為你這是侮辱的時候，我才會被你這個外境的侮辱所傷害；我不認為是侮辱，誰能傷得了我？也就是任何人都調動不了我的情緒，都不能讓我的心起波瀾，這才真正是修忍辱波羅蜜的真諦所在。

如此修忍辱波羅蜜，我們的心越修越定，才不會被外

境所牽引，才不會被外境所利用，才不會與外境相應，不會火燒功德林。嗔恨是會毀我一切福報與功德的，是會讓我失控的，所以修六度波羅蜜，尤其修忍辱波羅蜜是非常重要。修不成忍辱，心就定不下來，定不下來的狀態下，再布施、再持戒，最後一把怒火就會把之前所有的功德都燒沒，所以這一度非常重要。

貪嗔癡三毒，其中第二個就是嗔，只能用忍辱波羅蜜來對應、對治，對治的即是嗔恨。修掉嗔恨、修沒了嗔恨，在現實中、在事業上，你將會變得身心非常強大，隨時都會處在理性的狀態下，這是真正的成功、真正修解脫圓滿最基本的前提。

在現實中必須得修忍辱，嗔恨心一起，浮想聯翩，感覺心被外境所迷、所牽引，立刻就開始修忍辱波羅蜜。然後，再繼續修如何能讓人動，而我不動。力量最強大的人，是所謂治人而不治於人。這就是修忍辱波羅蜜的意義和作用，就是忍辱波羅蜜的真諦。

第十六章

堅信堅定堅忍堅韌
精進加行常樂我淨

第一節

披甲加行無下無退無喜足
修行高山正法明師引次第

修六度、六波羅蜜，以前三度布施、持戒、忍辱波羅密，最為重要、最為根本；後三度精進、禪定、般若中，禪定與般若是果，精進是加行。所謂加行就是刻苦進取的修行，所修的其實就是前三度布施、持戒、忍辱。修行佛法，實際上最根本的就是要破除煩惱，使我們離苦得樂，最後達到佛的境界，即達到常樂我淨，也就是沒有煩惱。這是修習佛法最根本的目的、目標。

我們的煩惱到底是怎麼來的？佛祖在佛法裏一再告訴我們，之所以有煩惱，就是源自於三毒，也稱為三惡根。三惡根即是我們一再講的，貪、嗔、癡，一切煩惱的根本都是由此而來，所以一切佛法的修行都是針對貪、嗔、癡這所謂的三毒，尋找並教給我們對治的方法。所以，前三度中，布施對治的就是貪，這種貪心、貪欲、貪之毒；持戒是破我們的悔犯，使我們不造惡業，不去癡、不去迷；忍辱破的就是嗔之毒；而布施、持戒、忍辱三度合起來，破癡之毒，不會深陷在愛欲當中，不會深陷在我們的五欲

六塵之中。

我們知道了前三度破三毒，是破我們一切煩惱的根本，亦即是真正修習佛法，就是把前三度布施、持戒、忍辱修好，就破了所謂的煩惱三毒。我僅是知道前三度破三毒是在理上明了，只在理上明還不行，還得在事上修，這就是所謂修習佛法，要修要習。然而如何修？用一種什麼心態、什麼態度去修？這就非常的重要。只是知不夠，更重要的是行，而如何行就是第四度即所謂精進加行，這一度告訴我們用什麼方式、什麼狀態、什麼態度來修前三度。

何謂精進？精，純而不雜謂之精，即是不二，一門深入；進，勇猛進取、不放逸謂之進，合起來即謂精進。簡單的說就是用功、刻苦修行，但是其中亦有大學問。精進是有前提的，什麼前提？首先是正，每天都刻苦的用功、刻苦的修行，先得保證走在修行的正道上，按照正確的方向在修行，如此修行越勇猛精進，離圓滿的目標、即彼岸就越近。如果走向了偏道、邪道、外道，那越是勇猛精進的修行，離正道越遠離，離彼岸就越遠，那即是背道而馳。

所以，我們在修精進之前，一定要保證是走在正道上，所以正是精進的前提。對於精進，我們有五種精進的方式，即是五種精進的層次、層面。佛法中五種精進方式，第一

種稱為披甲精進，披也可以用背，也可以稱為身披甲冑，這是什麼意思？就是我精進、勇猛向前，猶如在戰場上一樣勇猛向前，要取得勝利，但是首先我要把自己保護起來，所以要身披甲冑。所以，披甲精進的意思就是，以正為前提，以信為甲，以忍為冑，只有正不行，我知道正路應該是什麼，但是不能堅信、懷疑，那就會躊躇不前、無法精進。精進必是在信和忍的保護下，信為甲就是我們身披的鎧甲，忍為冑即是頭盔，保護我們的頭，即是得以信為鎧甲，以忍為頭盔，這就是所謂身披甲冑，然後才可以用功、刻苦前行。這是佛法告訴我們，精進的第一步，以正、信、忍為我們的甲冑，從而披甲精進，如此在保護下我們就可以刻苦前行了。

前行即所謂加行精進，在前面披甲精進的基礎上，我們刻苦用功、不懈怠，每天都勤學苦練，此即謂加行精進，是第二種精進。在加行精進的過程中，我們要注意忍、要堅持住，即是要無下精進。何謂無下精進？就是在加行精進的過程中，我會產生疲倦、會有痛苦、會有煩惱，但我要堅持住，要忍、堅忍，這就是所謂無下精進，是第三種精進。

第四種精進稱為無退精進，即是我不受各種外界的外

力影響，我心不動搖，我堅定。無退精進就是堅定、堅韌，在修行的過程中會有很多魔障，比如身邊的人會說三道四，會打擊我的積極性，甚至會舉一些反面的例子，說我已經入了魔道，會想辦法讓我動搖，而我在這種狀態下，能夠不受外界環境的影響，不會產生退縮之心，就是所謂無退精進，這就是一個定字。而無下精進是一個勇字，我要勇猛的克服自身產生的疲憊、產生的煩惱、產生的痛苦，我要忍，所以勇猛的精進就是無下精進。無退精進就是要堅韌、要堅定、不退縮，再打擊我、再給我潑冷水，我也不動搖。

第五種精進稱為無喜足精進，喜是喜悅，足是滿足，有的人刻苦修行一段時間之後，有點小成就、小感應，就開始知足、自滿了，就覺得自己是大師了，覺得自己什麼都懂了，這就稱為喜足，我們在精進的過程中，一定要注意應該是無喜足精進。不能因為一點小成，因為一點小感應、小神通，就知足、就自滿，這也是我們在刻苦精進路上的大障礙。

因此，釋迦牟尼佛祖就在佛法中指導我們，在修精進波羅蜜的過程中，我們容易遇到的問題、容易碰到的障礙、容易犯的錯，其實都給我們列舉出來了。整體來講就是五

精進，即五個層面的精進，這五個方面的問題是在修佛之路、成佛之路上，我們必須注意的。然而，沒有精進能不能成佛呢？沒有精進永遠不可能成佛。不要說我們修的是出世間的大圓滿、大解脫，成佛是最終極的目標，即使是世間的小成功、世間的小成就，離開了精進都不可能做到。

精進對治的是散漫、懈怠、放逸，本身就是三毒發起的，阻礙我們修行、昇華、圓滿的大障礙。所謂放逸，放就是放大，逸是縱逸，其實人天性就不想守規矩，不想受束縛。而在貪、嗔、癡三毒的引領下，我們內迷五欲、外迷六塵，就容易貪圖安樂、貪圖享受，這是身體上、生理上的小享受，人人都貪圖。比如，我們貪圖美食，當我們吃好吃的時候，我們的貪欲、貪婪像就露出來了，有人要來跟我分享、要來搶奪，我正吃得高興，要把我叫走，我都捨不得，我就執著於貪食，食本身也是一種由貪而引起的樂。

那麼有食，還有睡，我們都希望睡到自然醒，睡覺是每天最舒服的事，不願意起來也不願意做事，就是貪睡。然後色，我們碰到美色的時候不願意離開，天天都要在一起，二十四小時纏在一起，碰到美女、帥哥都離不開，這就是由貪而癡，都是障道之根源、墮落的根本。何謂障道？

何謂墮落？首先要理解何謂昇華？得清淨心即得定，得定即有智慧，有大智慧者才能真正昇華。而貪嗔癡會把我們引向哪裏呢？會讓我們越來越迷戀於世間，越來越迷戀於身體、或者生理上的感受、享樂，越迷戀就越執著，就會變成固執，越來越放不下，就會越陷越深，最後即是物欲橫流，所以這就是所謂墮落，越迷越深、無法自拔，物欲橫流，最後成魔。

我們或者順則成人，往下向三惡道去墮落；或者逆則成仙，脫離貪嗔癡三毒，然後得清淨心、得定、得大智慧，向圓滿去昇華，我們只有這兩條路。否則就是非善非惡，時而昇華，時而墮落，一直在人的境界裏來回流轉，這即是輪迴。所以，我們要對治三毒、對治墮落，想昇華、想圓滿、想解脫，就一定要修六波羅蜜。不是念波羅蜜、不是講波羅蜜、也不是理解波羅蜜，而是一定要修波羅蜜。

六祖惠能在《六祖壇經》裏一再告訴我們，口念心不行，是障道之根源，是沒有任何意義的。而在六度中如何能夠破掉口念心不行？心是無形、無相、無為，沒有時間也沒有空間，不知道到哪兒去找，心要行，首先要在身上行，以身行代心行。意思就是，找不到心，感受不到心怎麼辦？身體是心的投射，身體表現出來的一切都是心投射

出來的，透過身體的狀態，就能知道心的狀態。找不到心，就從身體上抓住，控制好身體。其實六度就是從身體上起修、從身體上控制，從而以外引導向內，以修身達到修心的目的。

一切都是唯心所造，心一變外在的形貌也得變，整個宇宙都得變，即是所謂由內而外的變，亦即是心變了命運就變了，宇宙之萬有全會變，我的形貌、身體也會變；同樣，外面變了，心也會跟著變，所以從外向內修也是一條修行的路，即是由身牽引我們的心來改變，這條路就是我們現在學的六度之路，也就是我們在現實中能拿得起、摸得著、有形、有象、有為的修行之路。

我們是從何而修呢？就是從布施，經過持戒、忍辱，都是從身體上修，從外在的有形上修，而且要在我的身體上精進、在我的意識層面精進，身體、意識層面是我們摸得著、看得見的，從此按照正確的方法精進，而加行即是增上緣做好以後，我們就能得到禪定之果，就能修得般若大智慧的果，我們就能到達彼岸，所以六度其實著重講就的是前三度和第四度，後面的禪定與般若已經是果了，就沒有什麼可講的了。前面四度做好了，自然就會產生禪定波羅蜜，自然就會產生般若波羅蜜，是自然而然的事情，

所以最重要的都在前面。

在此好好的講解精進，把精進講透、講明白，我們就知道在現實中如何修、怎麼做了。在這裏講精進的前提，是建立在信的基礎上。修佛法是如何修的？信、願、行、聞、思、修，這都是修持佛法的過程。而遇到正法這更是前提，正法是什麼意思？即遇到了明師，明師代表的即是佛，明師代表的即是法，明師稱之為僧，僧亦稱之為淨，清淨之淨，代表的就是佛，代表的就是法，法即是正法，佛就是修行正法而得到圓滿的覺悟者。那麼，我們透過什麼掌握這套圓滿覺悟的方法呢？透過明師即是透過僧，得明師就得了正法。

有明師引導，帶你走上正確的修行之路，不要走偏了，明師是過來人，這是最重要的。無論修習佛法、修習道法、修習儒學，都離不開明師，都得有明師引路。明師即是燈塔，在黑暗的海面上，在驚濤駭浪之中，你自己是找不到方向的，你是迷失的，這時就需要遠處的燈塔為你指明方向。然後你在驚濤駭浪之中，堅定的向著燈塔的方向前進，就能脫離生死苦海，就能到達彼岸。登陸了、上岸了，你就得救了。

精進就是要在信、願、行、聞、思、修，幾方面下功夫，

但是前提是正法，正法的前提是有明師引路。

有人問：「那我遇不到明師怎麼辦？」

遇不到明師就放下你的修行。

還是說：「老師，我遇不到明師，我也想修佛法，那我就看佛經行嗎？」

對不起，未遇明師不要妄想，不遇明師你的修行就是一種妄想，不要妄想你放下吧，你憑自己的感悟，憑自己對經典的那一點解讀，根本找不到方向。你帶著生生世世以來深深的錯知錯見，從來沒有聽聞過正法，根本不知道宇宙自然的真相，都是你認為、你以為宇宙是什麼、人是什麼、人與人之間的關係是什麼。煩惱從何而來？怎麼解脫，怎麼得安樂？都是你以為。你只是一個凡夫，被重重的所知障、重重的業障、惡業之障所包圍，你的眼睛被封得死死的，你根本一點都看不見外面的光明，一點都感受不到陽光的溫暖。

在這種狀態下，你所謂的起修，一定是盲修瞎練。一切都在你認為的基礎上往前走，然而你認為對的路，抬腿邁步出去你的腳下說不定就是懸崖，一步走錯，萬劫不復。所以我們說，寧可千世不悟，不可一世入魔。也就是說，沒有遇到明師、無法得聞正法的狀態下，寧可不悟，就安

心做一個好人，或者安心做一個正常的人，保證自己的所作所為，符合人道、符合人的道德標準。我不犯科、不違法、不破壞道德的標準和準則，符合人倫之道、道德標準。能做好一個人，已經很不容易了，不要再想著怎麼昇華，想成神，超出三界外，不在五行中，修佛菩薩，根本無可憑藉。沒有明師引路，步步皆是錯，修行路上步步陷阱，修行路上步步磨難，無數條枝節小路，都會把你引向魔境，即是引向深淵和地獄。沒有明師引路，是絕對不可能自己摸索出一條正確道路的。

釋迦摩尼佛祖，那是大徹大悟、大根性、大福報的人，是積年累月，修了萬劫、億劫、無數劫，馬上就要成佛的人了，依然還得四處遍訪明師，還得有人為他指路。六祖惠能也是積生累劫的大修行人，布施修了多少劫，持戒修了多少劫，忍辱修了多少劫，釋迦摩尼佛祖做忍辱仙人就做了五百世，六祖惠能有可能忍辱仙人就做了一萬世，不僅積生累劫，還得世世不能入魔、不能走偏，得在正道上修，才能修成大果報。六祖惠能那樣積生累劫的修，而且都在正道上，這一生要成佛、要解脫、要大徹大悟之前，也得有五祖弘忍，也得有明師為他指路。

你憑這麼一點小智慧、小聰明，就覺得佛法簡單，你

把佛法、把儒學、把道法都看得太簡單了，不要以為憑你自己那點小聰明，就能走上正道，就能修行圓滿，就能為人師表，就能給別人講經說法！現在這樣的人太多了，為什麼地獄門前僧道多？就是因為僧道好為人師，身披袈裟、身披道袍，以修行人自居，昨天還是種地的農民，今天身披袈裟就成了師父，大家就開始恭敬他，就說他是得道的高僧。形式上披上袈裟、剃成光頭，好像就已經可以為人師了，然後就去給人講經說法。結果如何？處處誤導。口吐善言，卻把人導向魔境，自己沒有明師引導、盲修瞎練，又去把別人引向歧途、引向魔境，這種果報比殺害這個人的身體還要大、都要重，因為你是在毀人慧命。毀人慧命，萬劫不復，生生世世不聞正法、不得人身；同樣，慧命一毀，萬劫不復。所以我們千萬要注意，千萬不可以好為人師。

因此，我們講到精進的前提，一定是正，而得正法的前提，一定是得明師、得正師。不得正師、明師，連修行之心都不要起，要把人做好。但記清楚，不是只去做好人，而是把人做好，能保證你這一生別再繼續墮落。

有同學說：「老師，我沒有明師，但是我聽了您的課以後，我也開始布施、持戒、也想忍辱，我就從這個角度去修行，這樣一點一點的去做行不行？」

在此明確的告訴你，不行。為什麼？明師的作用就是告訴你真正的含義，應該如何思維，應該如何建立你的知見，應該如何去修。你沒有明師，你理解何為布施嗎？是不是以為捨即布施，幫助別人就是布施，與別人分享就是布施，放生就是布施？所謂財布施、法布施、無畏布施，那多照顧別人，多給別人獻愛心，這就是無畏布施；多給別人講一講，讓人去做好事，這就是法布施；然後把我的財富、把我的金銀珠寶、把我的奢侈品，把我的錢全都捐助救濟窮人、救濟需要救濟的人，這就是財布施。這麼理解布施就都錯了，大錯特錯！

這樣對法沒有全面的瞭解，不知道其真實的含義，起步即是錯。並不是導人向善，就能積功德，問題是真正的善是什麼你都不知道，你以為幫助別人就是善，你以為成人之美就是善，那是片面的善，甚至根本就不是善。而整部《金剛經》就在講布施，講如何才能稱為布施。

有人回答說：「老師，你前面不是講了嗎，我們要破除貪欲，然後我們得從現實中的財富上，獻愛心上，給別人講經說法、引人向善道上布施，這就是財布施、法布施、無畏布施。」

你想得太簡單了，這其中有很深的理。首先我們要捨，

就要先在財上能捨，因為最難捨的就是財，一個是財一個是色，是最難捨的。又為什麼在財色之中，財更難捨呢？因為有財就有色，無財就沒有色，也得不到色。有了財，色就有了、名就有了、食就有了、睡就更有了，五欲財為首，萬惡淫為首。意思是，五欲中財是第一位，因為有了財後面的欲都能得到，有了很多錢，為何還要辛苦的工作，睡到自然醒，想吃什麼就吃什麼，花錢買名譽，到哪裏都做慈善、去捐助，美名四處宣揚，什麼樣的美女也都能得到，再帥的帥哥也得跟我。有了財後面四欲很容易就能得到，所以五欲以財為首，財勾起的都是我們的貪，而貪、嗔、癡中貪是第一，就是由於不擇手段就能得到財，而得到財之後五欲就都有了。所以貪是最需要破除的。

　　萬惡淫為首，淫又是什麼？不僅僅是指男女，淫是指迷醉、沉迷。不要一提到淫就想到男女性愛、床上之事，不是的。淫就是那種不捨之心，其實就是貪心。為什麼經常說到床，說淫即是男女，那就是貪心太重了，我們捨不下，那是樂，所以要從布施上破。但是所謂財布施，有錢了以後去救濟別人，我們確實是這麼講述的，是要我們從財上來破貪欲，財的貪欲破了，後面的色、名、食、睡都好破。都是怎麼破？首先就得布施，先來分享，財富取之於社會，用之於社會，有財富了，就用到更有意義的人或

事上，這樣就使你的財富在社會上形成一種正向的迴圈，這樣是對的。

但是要記住，布施可不僅僅是這樣，這僅僅是布施起步的階段是這樣做。布施真正的含義又是什麼？在此根本就沒有涉及，大家都是凡夫，而修行要講究次第，明師不僅要把你帶入門，更重要的是要把修行次第，即是修行的階段，給你講清楚，當你走到某個階段的時候，他就會把你帶向相應的臺階，讓你不斷的向上走、不斷的向上昇華。

現在我們所講的六度，講的布施、持戒、忍辱都是最表面的，現實中我們直接就能做的。

有同學問：「老師，您為什麼不能把布施、持戒和忍辱最深的含義，給我們講解出來呢？」

你現在在山腳下，要登上這座修行的高山，而現在只能看見你眼前的這級臺階，你走上這級臺階以後，才能知道上面是什麼。你現在還在山腳下，我讓你抬起眼去看山頂，都是雲蒸霧繞、雲霧繚繞，根本就看不見，我就是再給你描述山頂是什麼樣子，跟你也沒有關係，你也想像不出來，而你僅憑自己想像出來的也是妄想。所以，明師都會根據你的境界，只把你當下應該修的這些學問、道理給你講明白。並不是師父的水準僅是這麼高，而是因為你的

水準在這裏，師父再高也得看你到底是何水準，才會給你講相應的理，告訴你相應的修行方法。

第二節

業障之眼看到自己非完美
疑毒暗箭不披甲冑路難行

我們現在開講禪宗心法，解讀《六祖壇經》，都是最淺顯的，都是針對沒有任何修行的凡人講的。然而就是這樣用最淺顯的語言、最粗淺的道理講授，你還不一定能夠接受，還不一定能夠理解。所以，禪，尤其是這套心法，只是針對上上根而言，並不是任何人都可以度的。

其實，所有的法沒有高下貴賤之分，佛教中門派不同，有淨土宗、密宗、禪宗、唯識宗，很多的門派，所講的理和法，入門處不盡相同，修行方法也不一樣，但沒有什麼高下之分。有的法是三根普度，比如淨土宗、密宗。三根普度是什麼意思？只要是人，能聽明白人的語言，不管是上根、下根、還是中根，只要按照方法修練，按照儀軌每天堅持刻苦的修，總能有修成的一天，這即所謂三根普度。但是，禪宗僅是心法，這可不是三根普度，而是只度上上根，人群當中悟性最高的、福報最大的、極少數的一部分人。

有人問：「老師，我到底是上上根，還是下下根呢？」

這麼跟你說，在聽禪宗心法的過程中，你的狀態、你身體的反應，其實就能知道你是什麼根。如果你聽的法喜充滿、歡欣雀躍，就是想聽下去，總是聽不夠，這樣你就是上上根。師父講法，法和你內心中的清淨心相應，就會生出法喜。如果你越聽越聽不明白，越聽越困惑，越聽越執拗，越聽越覺得痛苦，越聽越衝突，那你就是典型的下下根，心法你就不能再聽了。你是越聽煩惱越重，根本理解不了禪宗心法所講的內容和含義，你就得轉向其他法門，從有形處修起，比如修密宗，身口意、持咒、打坐、磕長頭，從這些來起修，然後放生、日行一善、做好事，逐漸開始一步一步的起修。但你就不能修禪宗的這套心法了。

　　精進的前提，一定要有明師。有明師才能得正法，有正法了我們再精進，沒有明師則寧可千年不悟，不可一世成魔。一世成魔就是慧命盡毀，萬劫不復，生生世世也別想成人了，做人的福報都被你毀盡了，連人都不是還成什麼佛呢？所有的佛、神仙、菩薩都是人做的。所以這就是精進最重要的一個前提，在有明師得正法的前提下，要修的是，堅定你的信心、不懷疑，破除五毒當中的疑之毒，貪、嗔、癡、慢、疑五毒，疑是毀我正道、障我修行的最大障礙。當你遇到明師走上正道了，要修的就是一個信，能否堅信這是明師？是否堅信他傳的法是正法？然而，何

謂明師？得正法者即是明師。

明師是不是一定得是完美的人呢？是不是一定得是圓滿的人呢？不是這個概念。如果你認為明師是既得了正法，又是完美、圓滿的人，把這兩方面畫上了等號，那你永遠都找不到你認為的所謂明師。為什麼？在我們每一個人的眼中，有完美的人嗎？試想一下，其實任何人的眼中絕對沒有完美的人，即便是我們最愛的、給我們生命的父母，在我們眼中都沒有完美的。要想找完美，你永遠都找不到。

佛祖完美嗎？佛祖已經大徹大悟了，都已經達到佛境界了，你覺得他完美嗎？他是怎麼死的呢？其實他也不是化成一道光就走了，而是八十歲的時候出現病痛，病痛而死，死前也很痛苦，那你覺得他完美嗎？都成佛了怎麼還能生病呢？再說達摩，禪宗傳至中土的第一代住持，他完美嗎？達摩是怎麼死的？他是被毒藥毒死的，他都已經是大菩薩了，都已經修到那麼高境界了，怎麼能被毒藥毒死呢？還有二祖慧可，為了求法，一刀把自己的臂膀砍下來了，自殘使得身帶殘疾，他完美嗎？

五祖弘忍，為了救度惠能，為了保護惠能，滿口妄語、張嘴就騙人，那完美嗎？這是《六祖壇經》真實所載，六祖惠能根性大利，五祖弘忍一看十分喜歡，終於盼到接我

法脈的人來了，但是再一看神秀那一千多眾弟子的表現、表情，立刻心生警覺，然後當著大家的面罵惠能，你一個獦獠什麼也不是，字都不認識，就是一個打柴的小草根（魯蛇），你還想學佛？現在就去幹粗活去！這五祖是滿嘴妄語。惠能寫出偈子，「菩提本無樹，明鏡亦非台，本來無一物，何處惹塵埃。」五祖看到之後立刻用鞋底擦掉了，其實他心裏完全已經知道惠能見性了，還得對大家說亦未見性，這不是騙人嗎？那他完美嗎？五祖弘忍也不完美。

六祖惠能完美嗎？得到了大智慧、大徹大悟了之後如何，後來還是被惡人追殺，差點被殺害，一生都在逃難，一生都在躲避殺手，要不是曹溪百姓把他保護起來，他早就被人殺了。他完美嗎？

其實，這些祖師大德，都沒有完美的。老子寫了《道德經》，但他完美嗎？他要是有完美的大神通，偷渡為何沒成功呢？騎著青牛過函谷關，第一天晚上就被關長發現，第二天就被截住了，想出境都沒有護照、沒有簽證，還被人截住了，關起來了，被逼著寫出一部《道德經》，才放他走，他完美嗎？根本沒有完美，世間有誰是完美的？耶穌完美嗎？結局多麼慘，被釘到十字架上，現在都還釘在那裏。

如果你在世間尋找完美的明師，永遠都找不到。所以，我們要清楚，明師不等於你眼中的完美之師。

有人疑惑了，「老師，這是怎麼回事啊？他們都有漏，又受苦，死得都挺慘，教我們常樂我淨、解脫圓滿，又是要五福俱全，富貴、健康、富饒、幸福、又平安嗎？他們怎麼都這麼慘，都不圓滿，還教我們什麼呢？」

問題就在這裏，你看人的時候都是你以為，用你的眼睛、你的思維、你的觀察去看待觀察別人，都是你以為，你只相信你的眼睛所見，你的耳朵所聞。

當你看到釋迦摩尼佛祖生病的時候，你是痛苦的，你就感同身受，想到了自己生病的時候是痛苦的，於是你以為佛祖生病了，他一定也特別痛苦。但是你要記住那只是你以為，佛祖之所以現這個疾病態，你理解不了！他已經圓滿了，為什麼還呈現疾病的狀態，而後病死了？你理解不了！你以為那叫做苦，在佛祖那兒可不一定是苦。如果從人的角度來講，可能就要消業、消其業障，看著是他死了，去世了；但是其實沒死，佛沒有生死病老這些說法，佛稱為涅槃，但你理解不了。

達摩初祖看起來是被毒死了，毒死得多麼痛苦啊，命都沒了，那也是從你的眼中看到的，是你認為他死得很慘，

但是對達摩來講，正是他度人自度的一種方法。有的菩薩度人即隨順眾生，你毒了我八九次了，都沒毒死，天天恨，天天想辦法報復，天天就在地獄裏那種恨的烈火中煎熬，天天想怎麼能毒死我？怎麼就毒不死呢？而我就隨順你一次，我讓你得逞，讓你實現，其實也是一種度化。但是我們常人理解不了，我們就會用自己以為的來看待別人、看待師父。所以在這個前提下，事實上沒有一個所謂完美的明師，只有不在世上的人，就是佛菩薩、神仙，摸不著、看不見，祂不在世間，是一個傳說，這樣才能完美。

所有在世間的人，只要是活著的，沒有一個是完美的，任何一個人都離不開吃喝拉撒睡，任何一個聖人、任何一個偉人、任何你認為的明師，你跟他在一起生活一個月、生活一年以後，他身上的光環就已經不在了。所謂光環，只有在遠處，在保持一定距離的時候，你才能看見他身上的光環。當你就在他身邊的時候，你一定看不見他的光環。而真正的師父、真正的明師，他做什麼事，他如何去想，他如何起心動念，你所看到的都是他的表面，你經常就會被你看到的他的表面所欺騙，然而都是你認為。

因為你是雜心、是污穢之心、是業障深重之心，所以你睜眼看別人的時候，也都是污穢的、都是業障深重的、

都是有問題的，都是不完美的。因為你睜開的就是一雙只能看到黑煙黑霧的眼，你睜眼看到的都是業障，因為你本身就是業障，所以即使你在看完美的佛菩薩，看到的也是業障，跟別人沒有關係，你在別人身上看到的永遠都是自己。

　　如果這個理你不理解，即使你碰到了明師，你也會質疑，但你質疑的一定不是師父，質疑的一定是你自己。所以，講精進的前提，即遇到明師這是第一步，堅定信心這是第二步。披信任之甲，披堅信之甲，為什麼稱堅信為甲？因為你修行的道體，如果不保護好，外面無數的冷箭、無數的暗箭，隨時都可能將你刺穿。外面的冷箭、暗箭以什麼為最重、最利、對你傷害最大呢？就是質疑、不信，即質疑之箭。

　　當你有師父了以後，你最容易出現的就是質疑，無數的質疑，什麼都有可能質疑。看到師父買了豪宅，買了大寶石戒指，原來他也物欲橫流，也貪，質疑他跟我們不是一樣的嗎？甚至比我們還貪。當你用你的眼睛看師父的時候，質疑心就生起了。質疑心一起，你就學不下去了；一旦疑心生起，你對明師這個人或者他的品行，覺得有污點，覺著有雜、不純、不完美，你立刻心就退了，不是你求法

的心退了，而是你跟這個師父求法的心退了，你基本上就跟他學不下去了。

一看這個師父看見美女也動心，也跟美女喝酒，也跟美女曖昧，也不是好東西，什麼品行啊，就完了。如此，即使碰到明師，如果你不能披上堅信的盔甲、鎧甲，你很容易就被世俗所謂疑惑的、質疑的暗箭所傷，你根本就走不上修行這條路。為什麼？你在這位師父的身上，看到了很多所謂的污點、不完美，然後離他而去；你再找到另外一位師父，跟了一兩年後，你會發現這位師父身上的污點更多，也許是脾氣暴躁，不尊重人，冷酷無情，都有可能，你就會看到不同的點。

其實不是世上沒有完美的師父，而是在你眼中沒有完美的師父，所以說我們要想精進，首先必須披上堅信之甲，信師父、信正法。

有人說：「老師，您看釋迦牟尼佛祖坐化之前，弟子不是也在問，佛祖您往生了，我們怎麼辦？我們以誰為師？您看到底我們聽哪個弟子的話，哪個弟子指導我們修行呢？釋迦摩尼佛祖回答說，不要以人為師，以戒為師。佛祖都說了以戒為師，但我拜的這個師父不守戒，大魚大肉，齋戒都不守，居然還有老婆、還有孩子。我的天哪！這明

師還能犯這種最基本的戒，還能男歡女愛，那還能稱為明師嗎？不守戒律的師父怎能掌握正法？」

如此你就會質疑，質疑心一起，你就不可能學了。但問題是出在師父身上，還是出在你身上？釋迦摩尼佛祖是說不以人為師，以戒為師，但是你真的明白什麼是戒嗎？吃肉就是破戒嗎？男歡女愛就是破戒嗎？就是這個問題。如果你給自己定了一個標準，其實在你的眼中將不會有正法的師父，即不會有明師了。你所謂的完美的明師，只存在於虛空之中，現實中一定不會有。

現實中到底有沒有明師？當然有了，一定有能夠將你引向修行正道的明師。但是，你的眼中可看不到。因為在你的眼中全都是凡人，都是地獄的眾生，都是惡鬼。為什麼？因為你的心就是凡人之心，你的根性就是下下根，你現在就在地獄之中，你看到的當然都是地獄的惡鬼。你在別人身上看到的永遠都是自己，而不是別人。你用自己的標準，用自己所謂的判斷，去看所有的人、去評價所有的人。

為什麼碰到明師以後，你跟隨一段，就離他而去了？為什麼你這一生天天在求法、天天在修道、天天在尋找明師，結果一生跟了二十多個老師，沒有一個令你滿意？你

最後閉眼離開這個世間的時候，還會覺得遺憾，這個世間沒有明師，我已經盡心盡力了。其實你遇到的每一位都是明師。是師父的問題嗎？其實都是你的問題。你在哪裏出問題了？貪、嗔、癡、慢、疑五毒當中，你被疑之毒不斷的侵蝕，你好像睜著你的雙眼，其實你根本就看不見外面，你看到的永遠都是自己內心的投射。所以外面沒有別人，要想破疑之毒，只有一點，放下對你眼見為實、耳聽為實的觀念。眼見的不一定為實，耳聽的也不一定為實，我在別人身上看到的不是別人，是我自己。

披上堅信之甲，才能護住你的道體，不被外面的暗箭所傷；戴上堅忍之冑、堅忍的頭盔，你才能防住外面天上掉下來的流彈飛石，才能心不動搖。在這種狀態下，你堅韌不拔、積極進取的走上修行之路，這條路才走的下去，你才能精進的下去。否則，身不披甲冑，修行路難走。

第三節

大願是動力智慧斷煩惱
有求必應無漏出世正願

僅有信，只是把自己護住了，還不行。在有明師之緣、有堅信護身的鎧甲之外，你還得有願，還必須得有大願；沒有大願，即使站在正路上，你也不會前行，大願是前行的動力。你把自己保護得好好的，也有明師在前面為你引路，即是有燈塔在給你照亮著道路、照亮了方向，但是你得有願才能行，沒有願，你也走不了，還是在原地。

所以，大願很重要。你到底為什麼修行？修行的目標到底是什麼？如果修行的目標就是為了讓自己的生活好一點，多賺一點錢，那你就去修世間法，這樣可能得錢更快，世間有很多教人如何賺錢的方法。如果想你的生命能夠更健康、更長久，你求的就是壽，那你就跟醫生維護好關係，或者多學一些醫學知識，把自己保養得好一點，這就是你的願。

你為什麼學佛法？發什麼願的人才能走上佛法這條路呢？學佛、修佛的人必須得有這樣的願，要除盡煩惱，要得智慧。得智慧的原因，是要用智慧之劍破煩惱之障，每

天我們都在煩惱之中，有錢了也離不開煩惱，當大官了煩惱更重，我的身體健康有健康的煩惱，得病了有得病的煩惱，年輕有年輕的煩惱，老了有老了的煩惱，生有生之煩惱，死有死之煩惱。學佛法就是要用智慧之劍斷我的煩惱，然後得的就是解脫，使我在任何狀態下，都能夠沒有煩惱，是一種解脫自在的狀態，這就是我們修佛法的願。

有人說：「老師，我就要錢，所以我不用修佛法。」

你是在世間學了很多賺錢的方法，也賺了很多錢，但是你要記住，你如此賺了錢，實現了這個願，你所賺的錢也是所謂的有漏之財。有漏之財就是你賺了這個錢，但不會給你帶來快樂，錢的多少本身不會給你帶來快樂，你離不了煩惱，而賺錢本身就是在煩惱中賺，賺來以後又給你徒增了很多煩惱；沒賺著錢，虧本了，你更煩惱。

如果透徹的理解了佛法，修持佛法我們能不能賺到錢呢？當然能。修佛法得到的財富，和世間所學的賺錢方法賺到的財富，有什麼區別呢？區別就在於，修佛法得到的財富稱為無漏之財，即沒有煩惱之財。就是用佛法調心轉運的方法得到的錢，沒有煩惱，不連帶著煩惱；而世間法賺的錢，都帶著煩惱。這就是區別。

我可以透過世間法得到幸福，有很多方法都在教夫妻

之間如何相處，或者如何找女朋友，怎麼找男朋友，用什麼手段、什麼方法，應該怎麼做、怎麼說話，怎麼對人；結婚之後應該每個月送禮物，生日等等重要的日子應該怎麼慶祝，這些都是所謂世間法。如此能不能得到幸福呢？能得到幸福。那我為什麼要學佛呢？學佛能不能得到圓滿的幸福呢？當然能。這兩者的區別在哪裏？其實，就像財一樣，修佛法得到的幸福，是真正的圓融，那是無漏的幸福。無漏的幸福是指，既有了幸福，又沒有煩惱，即是沒有煩惱的幸福。

而世間法修出來的，是不斷的改變自己的表像，好像你的心很多都用在老婆、老公的身上，每天都噓寒問暖，好像為老公而改變、為老婆而改變，這即是世間法。而世間法是指，即使得到了幸福，也有漏，是有煩惱的幸福，改變了自己，本身已經失去了自我，在這個狀態下，即使維持了夫妻關係，但是煩惱叢生，會感到壓抑、痛苦，為了維持這段感情、這段幸福，你已經不是你了，你已經做不了你了。這就是兩者的區別所在。

因此，我們為什麼要學佛法？我們要發出什麼樣的願？我們可以像世間之人一樣，求財富、求幸福、求平安、求健康、求做事無礙。但是，我們求的只是健康嗎？只是

財富嗎？只是幸福嗎？到底求的是有漏的財、福、祿、壽，還是要無漏的福祿壽？無漏的福祿壽，即是常樂我淨的狀態，都在永恆的安樂之中，同時我又能得到方方面面的圓滿，這才是佛法。

世間有太多發財的人，太多當官的人了。但是，在豪華的別墅裏，痛苦煎熬的如在地獄中一般，這樣的人太多了，只是有財解決不了他們的煩惱。世間有多少由於財引發的煩惱！男人有錢就變壞，因為有了財家破人亡，還有最後窮的只剩錢的也太多了。多少當官的人，為了當官不擇手段，後來鋃鐺入獄，後半生都在監獄中度過，不僅害人而且害己。

這就是求世間的願和求出世間的願，其區別之所在。但是，求出世間的圓滿、解脫，可不是人死之後的事。不要以為世間是指人活著的時候，而死了以後是出世間，完全不是那麼回事！所求的都在世間。

因此，你的願得有個正願，然後你才能有正行。願是你前行的動力，眼前有一條大路，你走在正路之上，其實旁邊有無數的岔路，你是堅持的在正路上一直前行，最後走到終點，還是中途會拐向岔路，這是由什麼決定的？就是由你的願所決定的。你的願是否是正願？是否是圓滿之

願？是否是出世之願？

如果有明師將你帶上了正路，但你發的願是「老師，能不能讓我多賺點錢？」

師父就問你了，「你賺錢是要帶煩惱的錢，還是不帶煩惱的錢呢？你想要的是有漏之財，還是無漏之財？

你回答說：「無所謂，不管有漏無漏，我賺到錢就行了！」

師父就會說：「好的，那旁邊就有一條路，賺錢最快，你走向那條路吧。」

這就是所謂有求必應，你想要什麼，師父就將你帶向什麼。

你就會走向旁邊那條小路，很快可能就會找到果子，鮮美、靚麗，就是你想要的，你幾步就找到了，「這位老師真厲害！」結果吞下去發現是毒果，這即是有漏之財。

你就是想要財，無所謂有沒有漏？你就是想要漂亮的、靚麗的、鮮豔的水果啊，已經問過你是想要對自己身心更健康的、更加有營養的水果呢？還是毒果也無所謂，只要是水果就行呢？你回答毒果也無所謂啊，只要快、只要是果就行。好的，那這條路走幾步就有果，這就是你想

要的。

　　財分有漏之財、無漏之財，其實亦即是有毒之財、無毒之財。官也分有毒之官、無毒之官，幸福也分有毒之幸福、無毒之幸福。毒即是煩惱，凡是這個財、這個官、這個幸福、這段情感能帶來煩惱的，就稱之為有毒、有漏。而能讓我遠離煩惱、能帶來安樂的，即所謂無漏、無毒。這就是修習佛法和在世間求的願，其不同之處所在，也是根本的區別。

　　如果你告訴師父，「我要水果，既要飽滿、又要豔麗，但更重要的是一定是對我有益的，吃了以後會讓我更健康、維生素更多、營養更豐富的水果。」

　　師父就會將你引向這條正路、大路，走得可能會慢一點，但是最後你得到的果子一定是能長久的吃下去，而且對你身心非常有益，越吃營養越豐富，越吃越健康的，這就是根本區別所在。

　　所以，很多的修行人，根本就不清楚想要什麼，問他的願是什麼？答案往往是要發財、要有錢、然後去布施，有錢了才能救度眾生，絕大多數人都是如此。為了發財有時候不擇手段、不走正路、急功近利、任性妄為，什麼都敢做，結果後來給自己帶來無盡的煩惱甚至災難。

這就是用世間法求財，和用出世間法、亦即是用佛法求財，其區別所在。佛法是斷煩惱的，人不能越發財煩惱越多，越當官煩惱越多，越要維持家庭幸福煩惱越多，越要自己健康煩惱越多，不能是這樣的。所以，絕大多數世人根本就不清楚自己想要什麼，就知道要發財、要當官，發財以後好布施。然而不發財就不能布施嗎？難道僅僅是財布施嗎？是不是還有法布施，還有無畏布施？不要拿布施當藉口。

世間太多的人都是以「我賺了錢以後怎麼樣」來當作藉口。前提是你賺了錢，誰不會算這筆賬呢？其實你這是在做交易。太多的世人都是這樣在做交易，跟誰做交易呢？你想學佛法，就在跟佛、跟菩薩做交易，先燒一炷最貴的、八千八百八十八一炷的高香，表示誠意了，同時給佛菩薩許個願，以後「我賺到的錢百分之八十給廟裏為佛再塑金身」，你這不就是跟佛做交易嗎？交易前提是佛得讓你賺到錢，然後你把一大半再給佛，相當於你是佛在人間的代理人、白手套。你認為佛自己沒法賺錢，然後透過你表的決心，百分之八十都給佛再塑金身，然後你就是佛在人間的代理，你去為佛發財，去給佛賺錢，你還只留百分之二十。跟佛做交易即是世間絕大多數人都在做的，而不是真正的想修佛。

修佛我們要知道真正的願是什麼？什麼樣的人會修佛？就是要斷除煩惱。絕不是求財的人，不是求官的人；也不是學佛以後就排斥財、排斥官、排斥幸福、排斥健康、排斥平安，都不排斥。可以得這些，但是得這些一定是在斷除煩惱的前提下。不會因為得什麼給自己徒增無盡的煩惱，即是得了這些也不會給我帶來任何煩惱。如此才真正是圓滿，這就是我們所謂的願，有信有願，然後才是行。

所以精進是行。信是盔甲，把自己先保護好；願是動力，往哪個方向走得明確；然後才能起步往前走，才是行，這個時候才是精進。然後就是從哪方面精進？具體應該如何精進？即是要布施、持戒、忍辱，修這顆如如不動的心，最後就能得禪定之果、智慧之果。現實中才能不斷的堅持，才會真正達到那個狀態，即是得五福，會得大財富，會得大敬愛，會得大幸福，會得健康，會得大平安即是安樂。這些都是沒有煩惱的，這即是圓滿。所有的佛，是當世生時即身成佛，沒有死後成佛的，當下即或在天堂、或在地獄、或在修羅狀，都是當下。

我們講「信願行」，其中行就是精進。不能一聽說六波羅蜜，一聽說精進，立即就開始精進，那也不可以。不得明師往哪兒精進？一步就掉下懸崖，一步就陷入深淵。

如果得了明師卻又不信、又質疑，就用你的眼光去看待你的師父，沒有堅信這副鎧甲，跟隨明師也長久不了，道體都護不住，多少明槍暗箭的傷害；沒有堅忍來做頭盔，從天而降的流石飛彈，就會把你的頭打碎，還何以前行？何談修行！何謂流石飛彈？即是流言蜚語，你想修行有多少人都在障礙你，都會拉扯你，世間有多少誘惑都在牽引著你，你能保證不動搖嗎？沒有堅忍之心，你就會動搖，就會被這些流言蜚語、流石飛彈把你的頭打破。

因此，披甲精進是精進五種狀態的第一種，最重要！發的是什麼願？是否是正願？發正願走上正路，發邪願走上邪路，發外道之願走向外道，發偏執之願更加偏執。你得發正願，然後才能走上正道，這才是修行佛法，此即所謂信、願、行。

聞、思、修也是同樣一個道理，聞正知正見，樹正思維，才能有正修，然後才能有正語、正業、正念、正定、正精進，然後才是正命。修精進波羅蜜可不是那麼簡單，只是說我要修行佛法，就精進的去修，天天早上打坐幾小時，天天誦讀很多遍佛經，天天做很多件好事，這就是修佛法嗎？這就能稱為精進嗎？可不那麼簡單。

精進還得破所知障。有的人修佛法，已經修得不知東

西南北了，尤其是修禪宗，禪講放下、不執著，然而你一旦認同了，那就得放下不能執著，執著於什麼就放下什麼。

有人就說了，「老師，我執著，就是執著於想修佛法，想得到圓滿，我是不是得放下？我得放下，我不能執著，我再執著於修佛法，不就偏執了嗎？我不就成魔了嗎？」

很多這樣的人有了這個知見以後，就放下了，「我想成功，我這不就是執著嗎？我怎麼就那麼想成功呢？我怎麼就那麼想發財呢？我怎麼就那麼想組成一個幸福的家庭呢？我這不就是執著嗎？不行，凡是執著的都得放下。老師上課講了，執著於什麼就放下什麼，就是放下對和錯，沒有什麼對錯。修佛法要說對，那就是錯了，要說修佛法不對，那也錯了，也就是修佛法沒有對錯。那我還發不發財呢？要認為發財是對的，那就是錯，那就是因為放不下執著。要不要找一個心愛的老婆呢？不能執著。不執著的狀態是什麼呢？就是我不能強行的去做。」

然後就導致這些人，現實中什麼都不想做了，做點什麼事就覺得是錯，因為又執著了。「為什麼要打坐？我覺得打坐是在修佛，打坐我覺得是對的。唉呀，老師講了，覺得對的，我就非得按照錯去做，那我不打坐了！工作是為了賺錢、為了生活，我執著了；建立幸福家庭，我執著了；

想當官，我執著了；想成佛，我太執著了！」結果全放下了。

所以修禪就很容易就修到一種糾結的狀態，越修越糾結，到底放還是不放呢？到底要不要成功呢？公司要不要上市？尤其是企業主，做老闆的人，如果一旦學佛了，基本上都學不明白，很多的老闆企業本來做得不錯，但是企業安穩了以後，他不用太操心企業的事了。然後就想把心放在外面多學習，自己多提升，很多人就進入了佛學的領域，尤其碰到了一些禪師，美其名曰所謂修禪的，開沙龍做講座來講禪，不斷的告訴大家放下，認為禪不就是這樣嗎。

結果，老闆們都說：「我太執著了，想把企業經營好，還想上市，我這不是大妄想嘛。我這樣天天執著在這兒，自己怎麼昇華？」

很多人就放下了，把企業放下了、把家庭放下了、把自己所謂的身心好像都放下了。然後一心一意念經、打坐、行善、放生，就開始做這些。不在乎、不關注企業了，結果兩年之後，企業就逐漸垮了，最後就沒了。

還心安理得，「學佛的人就是這樣。我視金錢如糞土，我以前企業搞那麼大，其實我很痛苦，我有很多煩惱，我煩惱根深、業障深重，看我現在多輕鬆，企業都沒了，錢

也沒了，我要那麼多錢幹什麼？我現在衣食無憂，還能剩點錢，粗茶淡飯即可。孩子上學是不是重點學校，能不能交得起學費，都沒關係。」

都變成了這種心態，太多的人學佛，尤其學禪，就學成了這樣，張口即是佛、張口即是禪、張口即是放下執著、張口即是不思善不思惡，現實中一切都不在乎，一切都無所謂。這種人要嘛學禪學空了，什麼都沒有了，什麼都不在乎了；要嘛學禪學狂了，真成了天上地下，為我獨尊！

學得變成了，「你們任何人任何事都不行，我最厲害，我就任性，我想罵誰就罵誰，因為無所謂對錯。我任意妄為、唯我獨尊，天下我最大，我不受限制，開會想講什麼就講什麼，一點都不顧慮，我不管你們的感受，天下都是我的心造的，你們都是我造的，老闆算什麼都是我造的！」這就是學狂了。

這都是學佛、學禪走上了歧途，正常人都不知道怎麼做了。不知道為什麼學禪，不懂這個理，讓他放下就全放下了，就都不在乎了，什麼都無所謂了；要是讓他拿起，猛然就拿起來，死死的拿著不放；再告訴他得放下，立刻就扔了，又什麼都沒有了。

學禪的人講究根性，下下根、中根學禪，根本學不了。

中根和下下根之人學禪就是這個狀態，讓他求五福圓滿，他就猛然間拿起來緊緊的攥著；要發財就是拼了命的去發財，不擇手段的去發財；告訴他放下，不能這樣執著，立刻徹底扔了，這就是所謂下根之人，聽不懂，禪師再怎麼講，他只是聽一邊，所以這種人沒法修禪。

因此，禪不是針對所有人都可以度化的。禪其實是告訴我們，當緊緊的拿著一個東西的時候，我有願，我有福，我想要這個東西可以拿著，手裏拿著但是記住心裏把它放下，別太執著於它，但並不是現實中把它也放下。好多人修空了，瞬間徹底扔了；好多人修狂了，就成為一種遊戲的心態，所謂的遊戲人間，什麼師父！什麼老闆！什麼領導！什麼老公！什麼孩子！都不值一提、臭不可聞！修成了這樣，修狂了、瘋癲了，再修就真瘋了，修得不知道怎麼做人了。

如此就會出現很多疑問，「還講什麼精進？精進難道不是執著嗎？精進和放下是不是對立的？放下和懈怠是不是一樣的？精進和執著是不是一樣的？」

一定要清楚這其中的區別！精進不等於執著，放下不等於懈怠，是完全兩個概念。到底如何區別？我要用語言講透、講明白，是不可能的，所以這就稱為悟。從理上明，

僅僅是理上能明白一個大框架，找到一點意思，還得從行上去悟，行悟之後才能證悟。

如何在行上悟？怎麼掌握一個度？何謂精進不等於執著？不執著又如何精進？一開始精進難道不就是執著嗎？

修佛法既講究堅信，又講究堅忍、堅韌不拔、精進的修下去，如果修佛做不到這一點，怎麼可能成佛？更別說你還一直放著，天天都不精進，方法都教給你了，你還一直懈怠，你認為那就是放下，那還想成功？還想成佛？那就是白日做夢。天天精進的修行，而且一直走在正路上，這樣走無數生、無數世、無數劫，最後才能走向佛果。只有天天精進才有可能接近佛果。

不是天天精進都沒有可能，更何況你是天天懈怠，還美其名曰放下，如何成佛？最後把人都放下了，修禪修成了前面講的空禪和狂禪，人都做不成了，怎麼可以如此修法！

所以，精進其實是很大的學問，我們必須得在理上通透，然後精進就是指在世上修行，修到一定程度以後，智慧就會流露。精進的修，當找到定的感覺了，找到定的滋味了，智慧就開始流露了。然而，智慧到底如何流露，定的感覺到底是什麼？都是用語言表達不清楚的，必須得靠

行，要在行中悟，這即是所謂果行是因。而所謂行是什麼，如何去行？即是前三度，布施、持戒、忍辱。不斷精進的修前三度，按正確的方法修前三度，就會達到後面的第五度禪定，就會得到第六度般若智慧，這兩個果。因此，這就是精進波羅蜜。

第十七章

凡夫禪起修最上乘
禪定波羅蜜六度樞紐

第一節
禪定有階梯承上啟下
破障去我慢善巧應變

我們在此針對現實中如何起修，講解「摩訶般若波羅蜜，最尊最上最第一」。起修摩訶般若波羅蜜也有層次，有我們所講的過程，對於在現實中具體應該怎麼修，在此我要講得詳細一些。也就是在講佛法到底怎麼起修？有人認為我們學習的《六祖壇經》中不就告訴了我們怎麼修嗎？其實《六祖壇經》裏告訴我們的，只是修習佛法得定、得大智慧的其中一種方法。修習佛法八萬四千法門，其實條條道路都通向最高的境界，但是《六祖壇經》裏為我們直接闡述了最高的法、最高的境界。那麼還有其他的修行方法，我們在此會介紹。

摩訶般若波羅蜜是最高的境界，怎麼達到最高的境界，是需要一步一步修的。大根性、上上根的人，一聽即開悟、一聽即解悟、一聽即大徹大悟，這是有可能的。但是，這樣的人畢竟極少極少，歷史上也僅僅只有一兩個。而大多數的人，都要從方便法門入，就是從低的階段，甚至有可能是從最低的階段、最下乘的階段，一步一步的向

上修，即是一點一點往上走，其實絕大多數都是這樣的人。

這一章我們講禪定，禪定是六波羅蜜當中的第五波羅蜜。禪定波羅蜜是承上啟下的，那麼承的什麼上？啟的又是什麼下？前四波羅蜜，布施、持戒、忍辱，都要精進，這四度都是為了得定，其實可以稱作都是慧的助行。那麼，得了定自然就有慧了，由定生慧，前四波羅蜜即是所謂的因，也稱為戒學；第五波羅蜜、第六波羅蜜，也就是禪定波羅蜜和般若智慧波羅蜜，即所謂果。禪定波羅蜜也稱為定學，智慧波羅蜜則稱為慧學。其實六波羅蜜也即是戒、定、慧三無漏學，是由完整的三無漏學構成的，在此就是分得更細了一點。

禪定其實也分很多層次，大體分為五種禪定，有凡夫禪、外道禪、小乘禪、大乘禪、最上乘禪。這五種禪定是自下而上有階梯性的，現在到底你在現實中修的是什麼禪，禪定又是修的哪一種定？最後得到的果報是不一樣的。所以《六祖壇經》裏講的就是最尊最上最第一，即是摩訶般若波羅蜜，也就是最上乘的，而教授我們的禪定，也是最上乘的禪定。因此真正能起修，又知道怎麼修這種禪定的人太少了。大多數人即使知道這個理，也根本沒有起修處，不知道從哪裏起修。為什麼？因為最上乘的、最高的一定

是在天上，你只能看見一個影子，或者只是能知道它是存在的，但想摸它、碰它，想往它那裏去，是不可能的。

比如，我們知道太陽系，我們能看到太陽，但是我們能看到海王星、冥王星嗎？其實我們看不到，但是我們知道冥王星是太陽系的九大行星之一。我們看不到它，那它存在嗎？是存在的，但是我們想摸它，想往它那裏去是不可能的，它僅僅是我們心中的一個存在。

在我們修行佛法的過程中，也會有這個問題。修禪定，我們知道定能生慧，而戒、定、慧三學是最圓滿、最究竟的三無漏學，任何佛法都是從戒、定、慧三無漏學而來，也就是大智慧、摩訶般若波羅蜜都是從三無漏學而來。然而，我們如何修三無漏學？現在我們學習《六祖壇經》，就是來修最上乘的般若波羅蜜。

就好像打比方冥王星是最高的境界，我知道了有一個冥王星，是最高的境界。《六祖壇經》教的方法是，我眼睛一閉、心念一動，就瞬間到了冥王星上，這就是最高的學問、就是最高的境界。然而，我怎麼能瞬間修到那個境界？絕大多數的眾生再如何閉眼睛也修不到最高境界，也到不了冥王星。即使告訴他那個方法，告訴他那個理，應該放下，別認為自己是在地球上，就以為自己本就是在冥

王星上，或者根本無所謂什麼冥王星，地球即是冥王星，冥王星即是地球，此時你睜開眼睛看看自己在哪兒？其實睜開眼睛看到的還是在地球上。

根本放不下，不是理一通就能在行上做到，而是絕大多數眾生都做不到。那怎麼辦呢？就得讓眾生一點一點的放下，教的方法有一個階段性，從最低處修起，讓眼睛看著最高處，實際上眼睛也看不見，而是想像著最高處，然後從最低處修起，所以這就有個階梯性、有個過程。而《六祖壇經》裏講的禪宗心法，就是最上乘的法，是對上上根的人講的。所以我們一定要清楚這個理，有很多的人屬於中下根，或者應該講，上中下三根占我們所有眾生的絕大部分。

有人一來就說：「老師，我是上根，我聽《六祖壇經》也挺好的，我是不是就能一下大徹大悟？」

錯了，《六祖壇經》不是為上根人講的，而是為上上根之人講的，這個要清楚。那是金字塔頂上的小尖，是那一點點小尖，在整個人類歷史上也沒有幾個人透過經典一下就啟悟了。豁然開悟的就沒有幾個，釋迦牟尼佛祖都做不到這一點，也不是從經典上豁然啟悟，在他之前的那個時候也沒有經典，他也都是從修行上一點一點修成的。他

修了多少年！苦行了多少年，他才能修成。

　　而像六祖惠能就屬於上上根，因為《金剛經》的一句話「應無所住而生其心」，立刻豁然徹悟、大徹大悟了，然後再開始起修，先悟後修。即是先解悟，然後行悟，最後達到證悟。所以六祖在獵人隊十五年，相當於是在做行悟的工作。所以，你只是解悟，從理上明了還不行，一定得在現實中去修，理上明了，事上必須得去修行，達到這個狀態以後，再後面才是證悟，那個時候才真正脫胎換骨，轉凡成聖了。

　　所以，我們不要學了最上乘的法和理，就輕視所謂下乘的法和理，不要這樣。你是什麼根性你自己要清楚，如果你是上上根，還需要老師講這麼多嗎？《六祖壇經》還用講嗎？看一句，稍微講解一下，你立即就徹悟了，立即就解悟了，解悟以後馬上你就知道應該如何行悟，在不斷行悟的過程中，你就一點一點的在證悟了，還會聽來聽去都聽不明白嗎？還至於越聽越糊塗嗎？為什麼越聽越困惑，越聽越衝突，越聽越不知道在現實中該怎麼做了？這是什麼問題？就是根性的問題。

　　有人說：「老師，還有根性之別，人不是一生下來就佛性具足嗎？人不都是一樣的嗎？人人都是平等的。」

平等是一個理，平等是一個本質的相，但是在現實中我們是形形色色的，各有各的等級、各有各的經歷、各有各的業障，都是不同的。那是從本質上、理上來講，佛性具足，大家都有。如果沒有那個理，你成佛的可能性都沒有了，然而並不是因為有這個理，所以你就是，這是兩回事。理是理，事是事。

　　根性有什麼差別呢？根性是怎麼來的呢？是你生生世世在六道輪迴的紅塵當中，不斷的摸爬滾打，有太多的閱歷和經驗，形成了太多的知見，然後形成了太多的所知障，你在現實中做事的時候，又有很多的業障，這些你破不了，就像烏雲一樣深深的、厚厚的把你蓋住，把你心中的陽光、那點智慧，都嚴嚴實實的遮蓋住了。所知障弱的、業障比較薄的，這種就是根性好，一點就破，就像天上遮住太陽的雲，一點即雲散，立刻陽光四射、光芒萬丈、普照大地，即是一下智慧現前，這就是上上根。

　　而根性低下的，就是世世代代以來，所知障和業障，深深的遮蔽著你，怎麼點都點不透，越點你越迷茫。為什麼？當你深入烏雲之中，一定會迷失方向。那這樣該怎麼辦？就得用現實的、稍微低一點的功夫，一點一點的破所知障和業障，就不能從無形中破，對中下根的這種破，就

是一點一點從修行的方法在有形處來破。

　　所以，在此我們為什麼要講波羅蜜呢？如果你是上上根，還需要講六波羅蜜嗎？大徹大悟以後，從理上一下解了以後，立刻就生起布施之心，立刻就持戒、戒體清淨，立刻忍辱的功夫就天下第一，立刻非常的精進，那就不用再講了。上士聞道勤而時習之，立刻這些就都具備，然後當下即得定，智慧自然生起，馬上就知道在現實中、在世上怎麼修了。老師不斷的、反反覆覆的、各種的比喻，從各種角度，其實都在說一個事，不但不能馬上知道，你還越聽越困惑，還總是聽不懂，甚至即使聽懂了，也不知道現實中該怎麼做，那就要認識到自己的根性就是中下根。

　　修佛，最要不得的就是妄自尊大，看不清自己。越是看不清自己，把自信當成了狂妄，覺得自己很自信、了不得，這就稱為我慢之心。看不起別人，總覺得別人是中下根，總覺得自己是上上根，覺得自己比別人理解得透、比別人理解得更好，沒有人比我強，這種我慢之心不去，佛法再修、再學也沒用。貪嗔癡慢疑五毒，我慢之心不去掉，就無法進步，不能向任何人去學習。孔子一再講，「三人行必有我師焉」，其實大家都差不多，每個人都覺得自己是上上根，那你為什麼在現實中還那麼多的顧慮、焦慮、

恐懼？如果真的是上上根，不論面對任何事，內心都能保持相對如如不動。

有人問：「老師，沒修也能行嗎？」

所謂修，不是當下的修，不是今生今世的修，而是生生世世都在修，如果修的都是正法正道，那在這一生的時候碰到多大的煩惱、多大的事，我的內心是波瀾不驚的。有沒有這樣的人呢？心理素質特別強，內心當中就是波瀾不驚，天大的事發生在面前，該吃就吃該睡就睡，不焦慮、不猶豫、有決斷，該怎麼做就怎麼做，現實中有這樣的人，但這樣的人不一定就是修行人，而修行人也不一定能做到這種狀態。有的人是不修自修，有的人是生生世世都在修，只是這一生他沒碰到機緣起修。

不要以為在現實中你有師父，修行就肯定比別人強，那可不一定。一定要放下我慢之心，我們才能看清自己。看清自己以後，佛法八萬四千法門，其實沒有高低上下貴賤之分，只是根據不同的根性、不同的特質、不同的緣分，不同眾生必有適合他的法門、適合他的層次、適合他的法緣。這是一種感應，不是去如何選擇，而是一種感應。六祖惠能直接與《金剛經》相應，一句「應無所住而生其心」，當下即相應，然後他開啟了禪宗的教門、禪宗的法門。

其實六祖惠能所開啟的法門，並不是讓所有的眾生都只學禪，不是開了唯一的一個法門，所謂出世破邪宗，不是說其他非禪宗的一切的教法、一切的法門都是邪的，都不是正的，這一定要清楚，不是說神秀的那套修行就不是正的、是不究竟的，不是那個意思，所以此處我們一定要清楚六祖開創的是什麼法門。在此告訴大家，六祖開創的是針對上上根的、最上乘的法門，不是針對中下根的。針對的根性有所不同，上上根修禪成佛，亦即得究竟、得圓滿、得解脫是最快、最便捷的，六祖開創就是這樣的一條路。

那麼，上根還有上根的修行方法，中根有中根的修行方法，下根有下根的修行方法。神秀所掌握的那套方法，是針對中下根非常好的修行方法，從行上修，從福上修，從行善上修，就是這一種。一定不能說神秀是錯的，不能說神秀不究竟，都是一個過程。我們其實都是走在這樣的一個過程中。比如淨土宗天天念阿彌陀佛，那不能修了禪以後你就去否定淨土宗，就說淨土宗念佛是有形有相、向外求佛，不能那麼簡單的理解。

當然，有些人在修淨土宗的時候，真的就修成了心外有佛，向外去求佛。但是為什麼佛法傳出來後，很多人都

這樣修呢？其實也有其意義，我們知道向外求佛是不究竟的，但是究竟又是從哪裏來的呢？所謂真正最高深的理的理解是從哪裏來的呢？其實正解是從誤解中來，正和誤、正和邪是相對，雖然是相對，但是內部還是統一的，正即邪、邪即正，沒有正就沒有邪、沒有邪也沒有正，修行方法上也是如此，我們也允許自己走彎路，但是不要執著於彎路就是究竟、就是圓滿，這種執著是有問題的。

隨著階段性的不同，我也能夠善巧應變，不要說這些是絕對的對，那些是絕對的錯。並非修有形就一定是錯，修無形就一定是對，無形也是從有形中來的。我們不能脫離現實，即是不能脫離我們自身的根性，不能脫離我們對世界認知的最基本的理，然後去追求虛無縹緲、根本摸不著的東西。即使虛無縹緲、摸不著的東西再正確、再圓滿，我既然摸不著，就得一步一步來。

這就是所謂要想仰望星空，首先必須腳踏大地。我知道最高的理是存在的，但是現在要起修，我的確是在中下乘，我就得從形上起修，就得從大地上一步一步修起，我即使要建一座通天之塔，也得從大地上開始往上建。不能天天看著星空，天天看著虛空，想像著、嚮往著我一步就能登天，憑什麼能登天？因此，這就是佛慈悲，給我們揭

示六度、波羅蜜，在現實中、在世間修行的方便法門，是針對中下根的，但是其實沒有對錯。

在此我們講的禪定也是一樣。為什麼要講這一段內容？其實就是因為禪定亦有層次，根據不同的根性有不同的層次，凡夫禪是最低的一個層次，最低不代表是最壞或者不可取，絕大多數人還得從凡夫禪修起。凡夫禪是什麼意思？求的是什麼呢？凡夫禪求的就是凡夫的智慧，同時得凡夫定，然後得到凡夫的果報，這就是凡夫禪。

很多眾生要的就是凡夫的果報。何謂凡夫的果報？為何稱為凡夫呢？因為他是認假為真，他把現實中的物質、金錢、財富、富貴、壽命、感情等等這些，都看作是真，即所謂以假為真。他把自己的身體看作是真，看作是究竟，即所謂凡夫。所以凡夫看任何問題，即是帶意，帶意即是有分別，狀態就是欣上厭下。欣就是欣喜、欣慰，欣慕上是好的。下又指是什麼？比如極樂世界是上，那娑婆世界就是下，五濁惡世就是下、就是不好，即是凡夫有意，有意欣上厭下，就是這個狀態。

相當於現實中追求身體更舒服一點，吃得更好一點，穿得更好一點，住得更好一點，即是把吃穿住行和身體都當成真的。吃穿住行都很好，都很奢華，這就是所謂的欣

慕嚮往。反之，住得條件不好，風餐露宿，吃不到鮑魚魚翅，所有高級的食材都吃不到，身體還有病痛，情感上不幸福，這些就覺得討厭，就覺得厭下，要脫離這種狀態。此即所謂欣上厭下，就是有分別，把世間的一切、世間的萬有都當成真，有差異、有分別，即謂有意，欣上厭下。而處於這個狀態的就稱為凡夫。

凡夫也有凡夫的修法，凡夫得到的果報，即他想要的就是世間的福。凡夫有凡夫禪，也要得凡夫定，凡夫定就會帶來凡夫的果，即是凡夫的慧。那麼這種修法，能得到什麼果報呢？即在世間五福俱全、福祿壽俱全，在世間得富貴，在世間生活得很好，這就是凡夫淨。那這是對還是不對？這就沒有什麼對不對，在佛法來講是最下乘，還沒有脫離世間，也稱為世間法，即是世間禪。

禪其實分三類，一類是世間禪，一類是出世間禪，還有一類是出世間的上上禪。前面講過禪可以分五種，即凡夫禪、外道禪、小乘禪、上乘禪以及最上乘禪，這其中凡夫禪、外道禪、小乘禪，都屬於世間禪，大乘禪屬於出世間禪，而最上乘禪，就屬於出世間的上上禪，都有對應。

凡夫禪如何起修？就從所謂的行善積德開始起修，然後修有意，而有意怎麼能修禪，怎麼得世間禪、凡夫禪的

定呢？也就是世間禪、凡夫禪應該怎麼修呢？就是專注於世間所謂的福祿壽，然後起修，這也能得到一種定，即所謂凡夫定。凡夫定就是一心一意專注於世間的人事物、福祿壽，在這裏起修，這即是修成凡夫定。也就是掌握世間的技能，比如管理、科技、農業、教育等等，可以熟練應用和掌握世間法的技能，就能得到世間的果報。比如，把心專注的用在家裏人身上、老婆孩子身上，就能得到世間定、凡夫定，專心用心在一處，就能得到世間的果報，即老婆、孩子都能感受到他的愛，都能感受到他的陪伴，這樣他的家庭才能得到幸福。

這也是由定生慧，即如何能讓家庭更幸福，他就有很多心得、感悟，這也是一種智慧，這種智慧也是從定中來的。這是一種什麼定？把心用在家庭上，我就能在家庭中得到一種定，然後就能得到一種慧，就有很多的心得感悟，我的孩子就能感受到，我的老婆就能感受到，然後家庭就會更加幸福，這也是修凡夫禪，得凡夫定，由凡夫定得凡夫慧，凡夫慧而後得凡夫的果，這也是一種修行方法，而這種方法其實可以稱之為最落地的方法。

第二節

心如太陽聚焦能燒一切
隨順不離世間悟在迷中

在現實中要想做什麼，要想得到現實中的成功，即得現實中的果，無慧就無果，而沒有定就沒有慧，定又是怎麼來的？修禪才能有定，要在現實中把事業做得非常好，公司要上市，首先就得把全身心都用在公司的發展上，有任何微小的問題，馬上就去解決，心得定在這上面，這個過程本身其實就是一個修的過程。要想得到工作成果，首先就得把心放在工作上，我們先不說修佛法，在現實中能不能把世間法修成，這其實都是修行，不能說這種修行是最低的，不是最上乘的，我就不從這上面去修，我就要修一種所謂的出離心。

其實，世間所有的不成功，一定都是心沒用在這上面，心是散漫、散亂的，當心是散亂、散漫的時候，心不能集中於一點的時候，做什麼都做不成。就像陽光，有無比的熱量、有無比的溫度、有無比的能量，但是陽光散射的時候，雖然能普遍的感受到它的熱量，但是散亂不集中，它就連張紙都燒不著。而當你有一個放大鏡、聚光鏡，能把

陽光聚集起來的時候，就能把它的能量匯聚到一起，它就能燒掉一切。太陽就像我們的心，我們的心也能放射出無比廣大的能量，能發出無比強大的能量，但是因為心是散漫的、不集中，所以它什麼事都做不成。

　　絕大多數人，甚至幾乎所有的人，這一生都庸庸碌碌、一事無成。為什麼？首先有一點，就是你的心不定，也不知道定在哪裏。到底是要個人修養身心呢？還是讓家庭更加幸福呢？還讓事業工作更加有成呢？你根本就不知道。這就是迷人最基本的狀態，不知道自己想要什麼。而那顆心就是所謂的心猿意馬，心不集中，安定不了，定不在一處，你的意識、五識，亦即你的六識，都很散亂，跟著亂跑，接受的資訊也都是散亂的，都是碎片，根本不集中，然後到了中樞神經也聚焦不成點，就是一片散漫，散亂的最後就變成了一片灰，就是在你的中樞神經中沒有一個亮點，一片灰濛濛。如此你的人生就沒有目標，你的工作、生活、情感，一切都沒有方向、漫無目的。這就是所有人不成功的根源，是最基本的根源，即心不能定在一處。

　　所以，修佛即是在修一句話，心所在處恆安樂。你的心在那兒，你的整個生命、整個宇宙就都會支持你往那個方向去。但是你的心在哪兒呢？為什麼一再強調要找回自

我呢？就是要知道我們的心到底應該放在哪裏，然後才是如何放的問題。一旦有一個方法真正把心放上、放到了，我就能感受到一種成功、一種喜悅。然後我又有一種方法，能夠恆定的把我的心放在一處，我的喜悅就是有常的，這就是常樂我淨。

其實，這種安心的方法就是佛法教給我們的方法，亦即是我們現在所講的禪。由禪而得定，由定而生慧，由慧得果報，得我想要的果報，達到我想要的那個境界。所以，佛法不離世間，這裏的意思，不是我們一定要在世間去工作、生活，所謂的佛法不離世間，即世間是我們的土地，是我們腳踏的大地。如果我學了佛法，然後天天談斷離捨，離開了世間的情感、家庭、工作，離開了世間的五福，然後去求所謂無上的智慧、無上的果報，然後我再得大解脫，這就是離了地來談天，我們想一步登天，其實沒有根基。

這即是佛法不離世間覺，尤其禪宗更是講究佛法不離世間覺。真正修習佛法，首先在世間得是圓滿的，所謂的斷離捨，斷的是貪欲，斷的是嗔恨，斷的是癡、大執著，斷的是我慢之心，斷的是質疑之心，不是讓我們在世間沒有幸福、沒有家庭、沒有老婆、沒有孩子、沒有老公，然後又沒有財富、沒有富貴、沒有健康的身體。斷離捨不是

那麼回事，那就不是佛法了。如果是那樣，誰還去學那種佛法？那不就學的人越來越少了嗎？這是不可以的。

不是為了要出世間的境界，我就要把世間的一切都斷掉、都不要，有豪宅我不住，我就一定要住茅草屋，風餐露宿；有豪車我不開，我一定就得騎輛破自行車，以此彰顯我的清高，以此彰顯我視金錢如糞土，以此彰顯我不為生理享受所束縛，不追求那些，沒有必要，那樣做就太刻意了。隨順眾生，也要隨順我們的人生，真正的修佛不是只有一條道，不是只有出家那一條道。釋迦摩尼佛祖呈現的是出家離捨，那只是其中一條道，真正修行、修佛法，不是只有那一條道能成佛。

即使修出世間法，也有很多條道路，比如維摩詰的修行方法，那就是要先不離世間覺，先把世間法修好、修到位、修圓滿，然後自然而然昇華到出世間法，最後得最上乘，是這樣的。隨著你的所知障，隨著你的業障越來越淡、越來越薄、越來越被化解，到後面你就能得到大圓滿和大解脫。

所以，我們不要學了最上乘法，學了最上乘的禪，就看不起、瞧不上最下乘的禪。凡夫也有禪，凡夫也有定，凡夫也有慧，凡夫也有果，這本就是我們修行的基礎。修

行的基礎是大地，我們要認知現在的我們就是凡夫，不要清高、不要貢高我慢，我們現在還不是佛。眾生即佛，凡夫即佛，佛即凡夫，那都是理。我們現在還就是一介凡夫，不是佛。

有人說：「老師，不是說一念悟即佛，一念迷即凡夫。我一念要是悟了，我不就是佛了嗎？」

你那一念是什麼悟？這個悟是從哪裏來的？憑何而悟的呢？其實，你念念相續皆是迷。而你的問題是，你總覺得這個迷是錯的，不應該被迷，應該念念都是悟，念念都是清淨，就忘了這一個過程。悟的反面就是迷，迷的背面就是悟，悟在迷中，迷也在悟中。如果把它們看成對立的，你就沒法修了，就只想要破迷開悟，天天想著破迷開悟，那只是一個目標，但是如果執著於破迷，你永遠都無法開悟。真正開悟的那一天，就是你真正接納所謂迷的一天，那時你就得悟了。如果把迷和悟完全看成對立的兩面，有迷就沒有悟，有悟就沒有迷，那你就離道甚遠，背道而馳了。

所以，禪不是這樣修的，最上乘的禪也不是這樣修的。你要更好的去理解，當我修凡夫禪的時候，我要清楚何謂斷離捨，要清楚修布施波羅密在現實中怎麼修？我其實已

經講了很多，不要去形式上的斷離捨，斷離捨之心是告訴我們破貪欲、破嗔、破癡、破執著，是不讓我們那麼執著，不讓我們深陷其中，但是不代表我不要享受，不要世間的五福，這完全是兩個概念。

我在享受的過程中，但不陷入其中，也就是我允許自己享受，也允許自己不享受，都沒有關係，這才叫自在。我要住豪華的別墅，住進去一點也沒有負罪感，理所應該能享受。說買我就能買一座豪華別墅，就在裏面享受了，也不在乎別人怎麼說我，我自己心裏知道。但是我也不會迷在這其中，不會執著於這種享受，不會沒有這種享受就不行，那樣我就貪進去了，我就迷進去了，或者我就癡進去了，我們要破的是這些。

並非不讓你享受，你吃的好點、穿的好點不應該嗎？住的好點、行的好點不應該嗎？應該。而對於那些我們要破的是什麼？為什麼稱為奢靡？為什麼叫墮落呢？即是我完全迷進去了，沒有這些就不行了，就不自在了，這樣即是墮落了。我有錢我可以住豪華別墅，但是我到鄉下的小破茅草屋住一住也很清淨、也很舒服；草床睡得雖然不很舒服，沒有我家裏的席夢思睡得感覺好，但是我也很好，也能找到清淨，也能找到樂趣。在鄉下住一段時間，哪怕

下雨了滿屋都漏雨，這也是一種樂趣，也是一種生活狀態，沒關係也挺好，這種狀態其實就是斷離捨，沒有被物欲牽扯進去、沒有執迷，這就是一種修法。

我們在修凡夫禪的過程中，這一點要注意。既然修亦稱為禪，修凡夫也是禪，修世間也是禪，沒有什麼不對，我們就可以從凡夫禪起修，而後再修外道禪，然後修小乘禪，再然後修大乘禪，最後我們再回到《六祖壇經》裏修最上乘禪，這是一個過程，這個過程也可以說是我們凡夫眾生想修行所不可或缺的，不可能一步就跳到最上乘，不可能一步登天。

有人說：「老師，六祖惠能不就是一步跳到最上乘了。」

我們講過，人家是生生世世都在這麼修，人家從哪裏開始起修的？像釋迦摩尼佛祖做了五百世的忍辱仙人，那不也是在世間修嗎？如果只是在出世間，哪有所謂被侮辱、被欺負，連這個概念都沒有，那怎麼還能叫做忍辱仙人呢？他還是在不斷修世間法，不斷的修、一點一點的修，一點一點就放下了，放下以後，從外到內都修得自在了，自在以後才得解脫。釋迦摩尼佛祖世間的一切榮華富貴，生下來就有、福德、福報俱全，然後他又想脫離、再想出離，

為什麼他一定要離家呢？為什麼老婆、孩子、家庭都不要了呢？其實就是呈現給我們這樣的一個象，世間的五福、世間的福報，他已經圓滿了，沒必要再修了，如果他還在皇宮中再稱王，再統治，他就是在享受了，就是在消耗他的福報了，所以他必須斷離捨。不僅在心理上斷，在形體上、身體上同時也斷了，這代表的是一種出世的決心。

但是，這告訴我們的是什麼？就是當世間都已經圓滿了，我們就要有離世之心、出世之心，才能昇華，然後要在精神世界、在精神領域上昇華。我在世間的圓滿，是在物質上不斷的、巨大的豐富，榮華富貴享受不盡，這只是福報，還不是大解脫、大自在的根，但是只有福報，可脫離不了煩惱。也就是說，釋迦摩尼佛祖是太子的時候，享盡天下的榮華富貴，但是他離開皇宮以後，看到路邊有生病、極其痛苦的人，他的福報，能保證一生不受病痛之苦嗎？所以，這就引起了他的煩惱。在路邊看到死去的人，他即使有再大的福報，能夠解脫生死嗎？他能夠不懼怕生死嗎？死對他來講又是一種煩惱。

所以，一個病之苦、一個死之苦，就是代表他在享受世間榮華富貴的同時，也感受到了世間的諸苦，即是諸煩惱。他怎麼能破煩惱？他在聞思修，看到了這種情況，這

即是聞；他就要不斷的去考慮、思考、思維這種情況是如何產生的，我怎麼能破除，這即是思；然後他才下定決心，知道在皇宮內太子的身份、甚至國王，都沒有掌握脫離煩惱的方法，所以他脫下了太子的服裝，遠離了這些福報，遠離了皇宮，出宮到外面去尋求山林裏的高人即修行人，這就是修。

他修的這個過程，就是尋找智慧的過程。世間的福報代表不了無上的智慧，只有掌握了無上的智慧，最後才能脫離煩惱，得到解脫，然後才真正是自在。其實，如果他想回到世間享受榮華富貴，享受世間的五福，他隨時都能回去，隨時都能去當國王，隨時都能享受世間最大的榮華富貴。但是，他知道奔向獲取智慧的路才是正路。

所以，世間的修行我們不排斥五福。為什麼我們不能像釋迦摩尼佛一樣，直接就出家呢？問題在於你憑什麼直接出家？你在世間還有那麼多缺、那麼多漏，你就想出家；世間還沒修好，凡夫都還沒成為一個優秀的凡夫、圓滿的凡夫，甚至連凡夫怎麼做都不知道，就想要出家、脫離紅塵，你想得太多了，想得太美了。凡夫即佛，佛即凡夫，那是理。要想修行，首先把凡夫做好，世間想要的一切你都能有，然後才是斷離捨，修的才是昇華，然後才能奔向

智慧，奔向什麼智慧？奔向無上的智慧、最上乘的智慧。這是一個過程。

凡夫禪怎麼修都不知道，就想去修最上乘的禪，中間是無盡光年的距離，你憑藉什麼一步登天？你現在只能是腳踏著大地，仰望著星空，其實星空你也看不見，都是在心裏的想像，即所謂妄想。所以，我們要修行，起修處一定是在世間，一定要清楚我們是誰，要知道我們的身份，知道我們的地位，知道我們的層次，知道我們現在應該從什麼禪開始起修。

《六祖壇經》講的是最高的禪，是「摩訶般若波羅蜜，最尊最上最第一」。我們在講的是最高的禪，即是告訴你，在遙遠的宇宙天際，離此有十萬八千億光年，在宇宙的中心有一個光明的世界，稱為西方極樂世界，到了那裏即離苦得樂，那是彼岸，那是最圓滿。我是在跟你講這個，但是不代表你天天想，就能到了那個世界，理上知和事上行是兩回事。知道這個理、知道這個地方，和我實際能到達這個地方，是兩個概念，你不要搞錯了。

現在學佛的人，很多都是我慢之心放不下，覺得自己不得了，覺得世間法不應該去修，也不用去修了，都瞧不起凡夫禪，瞧不起外道禪。外道禪打坐一定都能定十天八

天，外道都是修苦行，都能把自己的整個身心不斷的調整。你天天修無上的、最上乘的禪，修的都是摩訶般若波羅蜜，修的都是最尊最上最第一，其實你根本就不知道從哪裏開始起修，你只是知道一堆空理，天天只會跟人講道理，學了幾天以後就好為人師的給人講道理去了。自己僅僅是對理有些理解，但是在行上根本不知道如何行，根本不知道怎麼修，一片都是空的，什麼都抓不住，甚至連能抓的著手之處都沒有。這種狀態，其實就是前面六祖惠能一再告訴我們的「口念心不行」，這樣的人是最不可取的。

第三節

佛心隨緣教化隨遇而安
得慧止觀雙修於境離境

一步一步的修行，腳踏實地的修行，先放下我慢之心，「我不是上上根，我不是佛菩薩、不是聖者乘願再來，我就是一介凡夫，我以前的生生世世是否修過我也不知道，我也是在迷中，我就在當下開始起修，就從最低處開始修。我要走向無盡的虛空，也是要腳踏著大地一步一步的走，走到大地的邊緣，然後我才能昇華進入虛空，然後我再到達宇宙的最深處。」

這是一個過程。你知道以前你修的是什麼嗎？你覺得自己不錯，你聽了這麼多法，你修了這麼長的時間，現實中的煩惱解除了嗎？為何越來越煩惱呢？為何越來越焦慮呢？碰到事情想得越來越多了，分別心為何越來越大呢？為何碰到任何事情總是非常恐懼呢？這些你根本就斷不了。

有人疑問：「老師，哪有人沒有煩惱？沒有分別心？」

問題就是在此。歷史以來，真正所謂的上上根之人，真正修成到上上根的人，或者接近上上根的人太少了、是

極少，也就是有數的一兩個。你是這種人嗎？不一定，甚至可以說肯定不是。即使你是上上根之人，是馬上就要大徹大悟的人，但你現在還是迷人，還沒有徹悟，你根本就不知道你的前世是怎麼回事，你曾經走過什麼樣的修行路，後來是怎麼樣你都不知道，你還是迷人。在這種情況下，即使你真的是上上根之人，你也還是得按照下下根、按照凡夫來要求自己，要從凡夫處起行、起修。

六祖惠能難道不是嗎？小的時候字都不識，以打柴為生，跟老母親受盡了世間的白眼，受盡世間欺凌，在古代孤兒寡母的日子是非常難的，上山打柴也沒有任何技能，又不識字又不掌握技能，你想一想是何種經歷。當他聽聞佛法之後，千山萬水走到黃梅，找到五祖之後又去幹雜活，又幹了八個月都是在幹什麼呢？他那個時候不也還是迷人嗎，他還在迷著，他是從社會的最底層開始起修，不還是一個修行的過程嗎？

他也不能直接說：「我是再來人，我是乘願再來的大菩薩，你們都得尊重我，你怎麼能瞧不起我呢？我雖然不認字，我雖然沒有工作，但是我是聖人，我是乘願再來的大菩薩，你們必須尊重我，不尊重我，我就生氣，我就跟你們鬥爭。」

他不是那樣的。他也是從凡夫處起修，當機緣到了，豁然徹悟了，知道前世今生，知道自己的使命了，那時的起點就不一樣了。但還是從凡夫來的。

任何人的修行都不能離開凡夫禪，除非真的到了豁然徹悟的那一天，悟到了「我不是凡夫，原來我即是佛」，那個時候你才是佛，那個時候你就是明明白白的佛，那個時候想讓你再成為凡夫，也不可能了。為什麼？當金子一直被灰塵泥土包裹著的時候，我們看到的就是一塊泥土，其實就是一塊泥土，憑什麼說你是金子？金子自己知道我是金子，但是外面厚厚的包裹了一層泥土，那你和其他的泥土石塊沒有區別，這個時候你就把自己當成一塊石頭，當成芸芸眾生中的一份子，你的心才能安在那裏。佛的心是隨緣教化，人在哪兒心就安在哪兒，這即是佛心，沒有分別，也不會覺得委屈。

不會覺得：「我是再來人，我是大徹大悟者，你們怎麼不尊重我，不向我學習呢？你們怎麼不把我供養起來，怎麼能不供著我呢？為什麼不給我建廟？我是佛菩薩再來，我是來度化你們的，你們怎麼就看不見我呢？」

這樣想的一定不是佛，佛一定是隨遇而安，心所在處恆安樂。在哪兒都一樣，這才是佛，在凡夫的時候，他比

凡夫還凡夫，處於迷人的時候，比迷人還迷人。觀世音菩薩也可能是妓女相，也有可能是屠夫相，當屠夫的時候，殺豬比誰殺的都多；當妓女的時候，比誰都會誘惑男人，但是沒有卑下之感，沒有卑下之心，安於當下那才是觀世音菩薩，然後以屠夫和妓女相來度化相應的眾生。菩薩沒有那種污濁或者殺戮血腥，心裏一點都沒有，現實中即使那麼去做了，行為上那麼做了，心也是清淨的。

　　這個理其實是很深的理。而古印度傳過來的禪定，和我們禪宗的禪是兩回事、是兩個概念。古印度傳過來的禪定，或者除了我們最上乘的禪，修的都是從定中來，從戒得定，然後由定生慧。那麼禪宗的禪是從裏哪來的呢？是從慧上來得定，直接修的是慧。即是說，古印度的禪是從定上修，然後得慧；禪宗的禪是最上乘的，直接就從慧上修，從慧上得定，有了慧、啟發了慧，定自然就來了。禪宗是從哪裏來修，來啟發慧？是從觀上來啟發慧，所以禪宗修的是觀。而外道修的是定。

　　那禪宗修不修定呢？也修定。凡夫修定，外道修定，佛法也修定，所以這就是共性。佛法、外道、凡夫其實是有共性的，共性都是定。但是，佛法和外道、凡夫的不同之處在哪兒呢？就在於佛法有觀，由觀而啟慧，這方面是

不同道，只是佛法獨有的，關於觀的講解就有很多的話題，粗淺的來看有生死觀、有不淨觀、有各種空觀，等等各種各樣的觀，佛法起修處就是從觀起修。

佛法真正的修行叫做止觀雙修。止觀雙修而得慧，而止就是定，止觀雙修即是佛法，是不共法，即是和外道、凡夫不共法。外道與凡夫都是修定，沒有觀。如果會觀，就也是佛法，那就能觀到本質。講到觀，和儒學其實也連接上了，儒學也講修定，其實儒學也有觀。儒學是如何修定呢？儒學修行的層次、階梯又是什麼？即是止而後有定，定而後能靜，靜而後能安，安而後能慮，慮而後能得。這就是儒學的修法，由止而定，定而靜，再往後修，安、慮、得。其實儒學跟佛法完全能夠掛鉤。

我們剛才講的是凡夫禪，現實中我們就應該從凡夫禪起修，現實中我本身就有漏，而要達到現實中的圓滿，即所謂世間法世間修。如何在現實中圓滿，我就得修世間禪。圓滿是結果，要達到這個結果，我必須得修定，由定而生慧，真正得到世間的大智慧了，才能得到世間圓滿的果，這是任何人都不能脫離的，都逃不開的。

現在的修行人都是脫離世間而談出世間，世間還沒圓滿，就天天想出世間的事，天天想著大圓滿、大自在、大

解脫，而世間的小圓滿還沒有實現，還有諸多的漏，連飯都吃不飽，孩子學費都交不起，而且是真吃不飽、交不起，天天就是阿 Q 精神，然後說要上終南山，或者遠離世俗，要種地去，自認為是陶淵明，有一個世外桃源，這是什麼修行？這根本不叫修行，這就是避世。

自古以來，古代的統治階級都不能讓避世的人太多，那即是所謂方外之人。何為方外之人？就是不受管理、不受教化，這樣的人不能融入社會，現實法令也不管，不守禮儀、禮規、法制，不守倫理、道德，這些人好像是遊方天下，不受管束，但這樣的人多了，就是社會禍亂的根源，對整個社會都不好，也可以稱為社會的寄生蟲，不融入整個社會的組織架構，神遊於天外，好像是高人，實際上在幹什麼？既不對家庭負責，又不對社會負責，就是避世。這樣的人在古代發現就得殺掉，不能留。

我們修行不能修成那樣。我們就從凡夫來起修，一層一層往上修。先把凡夫禪修好，修好凡夫定，再修好凡夫慧，後面就得凡夫的五福果報、大福報之果，然後再想如何修出世間的禪。我是在世間福報圓滿的基礎上，再修出世間的禪，昇華可不代表放棄，世間的一切，福祿壽、幸福、安康都在，但是我不執迷於此，我要向上昇華，我求

得世間物質上的圓滿、充足，就能讓我安心的在精神領域更好的昇華，而我也不沉迷於物質，不沉迷於福報，我還不斷的精進、向上昇華，再修更高層面的禪、更高層面的戒、更高層面的定、更高層面的慧，最後使自己達到大圓滿。

講禪定波羅蜜，一定要去除一種我學的是最高、最上乘的禪，我就放棄或者瞧不起凡夫禪、外道禪、小乘禪、大乘禪。沒有凡夫禪，哪有後面的大乘禪？哪有後面的最上乘禪？不要總想一步登天。在修行過程中，為什麼佛祖給我們講六度呢？這是修行的六波羅蜜，是會有六種大智慧，是產生智慧的因，後面就產生智慧的果，即謂助行。在這些助行下，我們勇猛精進，不能僅僅就看著表象，就看到釋迦摩尼佛祖，現在明白他在世間一出生時就已經修好了，就是世間的福報圓滿，然後開始昇華，就開始斷離捨。

其實佛祖的斷離捨也是象，他後來進沒進過皇宮？到後來，各國的國王都請他去講經說法，最好的宮殿給他住，最好的食物給他吃，最好的衣服給他穿，都是錦衣玉食，皇帝國王自己捨不得穿的，都得給佛祖。佛祖這些東西都有，但是不執著，外顯出家象，是告訴眾生怎麼昇華。不

脫離所謂現實中的奢華，如果沉迷於這種奢華，就無法尋求心靈上的成長，無法尋求精神領域的飛躍。佛祖告訴我們的是這個象。

佛祖和六祖惠能是不是正好兩個方面。六祖惠能是從小受苦，字都不認識，而佛祖直接是太子。那六祖惠能是因為福報小、福報不足嗎？不是的，他們修的路不一樣。但是六祖惠能真正得到大智慧以後，真正大徹大悟以後，後來講經說法那麼多年，他想要世間的一切能不能有？他想要世間的富貴會不會有？想要好吃的、好衣服、好住所，能不能有？那個時候的帝王是武則天，武則天都得派最親信的宦官、臣子，來請六祖到京城去給皇帝當老師。那是不是後來六祖惠能在世間的福報也都修成了？世間想享受，想要金銀玉器、錦衣玉食，六祖能沒有嗎？他是帝王之師，帝王有的他一定都會有，但是他為什麼推脫不去？因為他看透了這些東西、看淡了這些東西，不會執著於世間的這套福報。然而不執著並不代表就是沒有。

我們現在的問題在哪兒呢？現在學佛的眾生就是沒有。沒有足夠的金錢，沒有足夠的官位，得不到敬愛，得不到富貴，得不到尊重尊敬，也沒有清名，身體也沒有那麼健康，四處受人欺負、受人侮辱，就是社會的最底層，

什麼都缺，什麼都漏，這就是我們現在的問題。在這種情況下學佛法，就想著視金錢如糞土，沒錢也不去賺錢，自認為是不執著於錢。然而，沒有不代表是不執著。在現實中賺錢、富饒是正路，是學佛的一種圓滿的體現。如果學佛多少年了，還是交不起孩子的學費，自己也看不起病，甚至下頓飯怎麼吃都不知道，還在為生活、生計奔波、勞頓、煩惱，那你學佛就根本沒學明白，你只是把學佛當成一種迴避，當成一種藉口，當成一種對自己心理安慰的理由。

真正學佛法的人，怎麼可能在現實中窮困潦倒呢？我們學的是圓滿，怎麼能有那麼多的漏、那麼多的缺失呢？那就是沒學好、沒學明白，把學佛當作是什麼都沒有，認為我是學佛的、我是修行人就行了，那就是把學佛當成了自己唯一的光環。我學佛我吃素，其實是因為肉吃不起，你們這些吃得起肉的人，不還是一樣得跟我吃素，而我學佛了，我對食物沒有任何欲望。我找不著漂亮的老婆，我找不著帥哥作老公，那是因為我禁欲、因為我修行，我不僅視金錢如糞土，而且視美色如糞土，這是我修行的境界。這還能稱之為學佛？這就是阿Q精神。我們學佛一定不能學成這樣，一定不能學成阿Q精神、學成避世。

所謂於境離境，這才真正是解脫，這才真正是捨。根本沒有那個境，那還離什麼？於境而離境，於念而離念，這是最高境界的法。我有富貴，但是我不執著於富貴；我有幸福，但是我不執著於幸福；我有痛苦，我也不執著於痛苦，此即所謂於境離境。不是每一個學佛的人，都一定要富貴、幸福、安康、長壽，但是真正學佛的人，想要這些就一定會有，只是我對這些的欲念沒有那麼強烈，但這與你想要也沒有、想要但要不到，完全就是兩個概念。

　　這就是凡夫禪，最上乘禪得從凡夫禪開始起修，意思是放下你的貢高我慢，你總覺得自己是上上根，那是你覺著，可不一定。上上根的人自己不知道，也絕對不可能跟人說自己是上上根，所有跟別人說我是上上根的人，一定不是上上根。迷的時候，不分上根、下根、上上根，就是迷；悟的時候就是悟，那個時候也不分大悟、小悟、大徹大悟。所以，當我們每一個人沒有悟的時候，我們就把自己當成下下根，好好的在現實中不斷的修，先從凡夫禪修起，把心安在眼前的家庭，心安在我工作的領域，心安在我的身體上，先保證自己的身體是健康長壽的，先保證自己的家庭是美滿和睦的，先保證自己的工作事業是長治久安的、興旺發達的，先修好世間的五福。如何修？即是由戒修定，由定生慧，由慧而達到圓滿。

這就是凡夫禪，是我們每一個迷人的起修處，從此開始修。不要開始直接就放下分別，就什麼都不分別了。要什麼家庭？要家庭我就是執著於家庭。要什麼幸福？要幸福就是執著於幸福，哪有什麼幸福和不幸福之分。不能開始就從這兒來修。

有人說：「老師，您前面講了那麼多，不都是在講這個嗎？」

我是要告訴你，是要跟你講通，有一種最上乘的禪，禪宗就是教我們什麼是最上乘的禪，教我們怎麼修。但是，如果你煩惱根深的時候、業障深重的時候，你怎麼聽得懂最上乘的禪是什麼，怎麼修，怎麼用呢？根本就聽不懂。不僅聽不懂，甚至還會產生巨大的質疑，甚至更加的困惑與衝突，現實中都不知道該如何活了。這就是下下根的人聽上上乘的法，最後就會造成撕裂。

又有人問：「老師，您看我要是下下根，是不是上上乘的法都不能聽啊？」

不是不能聽，而是你得認清你的位置，你得認清楚你現在是什麼根性？聽當然沒有問題，你可以聽仙人、智者給你講述，宇宙當中有一個極樂世界，那是我們的最高境界，是最美的地方，是彼岸。這都可以聽，因為只有聽了

才會知道，才會嚮往，你的八識中才會種下種子。種下種子以後，你才有可能往那個方向去修。但是你不能聽了最上乘的法、聽了最上乘的禪，直接就啟用，就認為自己是上上根，就直接去修最上乘的定，就去得最上乘的智慧，然後認為這一生最後就能達到最上乘的圓滿了。

有沒有這種可能？有。真正最上乘的佛法叫做頓悟法門。頓悟法門就好像密宗也有大圓滿法、恆河大手印、圓滿大手印，那都稱為即身成佛。是有即身成佛的，但不是你。如果天天總是這麼想，現在就完全放下，去修最上乘的法，我就能即身成佛了，那就是狂妄，那就是我慢，就是妄想一步登天。這是世人修佛的一大弊病，越修越狂，越修越不知道自己是誰，還美其名曰找回自我。自己是什麼位置都不知道，腳很快就離地，踩不著大地，還仰望什麼星空？暈頭轉向，哪裏是星空都不知道，這就是問題。

我們要知道有上上乘的禪在，有最上乘的禪在，但是我們要從最下乘的禪修起。如此得修多少生多少世？這不好說，也許你之前生生世世都在修，就差這一世，現在開始再修幾十年，或者碰到一個機緣、碰到一個人，一下你就徹悟了，這都有可能。也許你從來就沒修過，從現在才開始起修，那後面的路將是無窮無盡。但是，總會有一個

方向是對的。也許你就是六祖惠能，但是即便如此，你迷的時候也要清楚你就是個凡夫，就是這個意思。所以，凡夫禪和最上乘的禪，到底哪個好哪個不好？其實沒有高低貴賤之分。

外道即邪道有身有神
禪心最上乘四大皆空

而外道禪又是什麼呢？外道禪就是要得外道定。為何要得外道定？即是要得外道的慧。為何要得外道的慧？就是要得外道的果。外道禪和凡夫禪有什麼區別？凡夫禪的果是求世間的圓滿、五福、福報，外道禪求的是神通，求的是成仙作祖，這即是所謂外道禪。何謂外道？離心以外的道都是外道，即追求心以外的道都是外道。何為內道或正道？外道也稱邪道，內道亦稱正道。

只有佛法是正道，其他的都是外道。為什麼？因為佛法只是修心，向心內觀、向心內求、得心內慧，圓滿是我的內心圓滿，我的世界就圓滿。為什麼佛法講究一切唯心所造？外道可不講究這個，外道是外面有上帝的，外道是外面有神的。我們的禪、佛法、佛教和印度教一樣嗎？和基督教一樣嗎？當然不一樣。為什麼？印度教、基督教、猶太教、伊斯蘭教，這些都是外面有神的教，只是有的把神稱為上帝、有的稱為真主，有的把神稱為神明，各種稱呼，但都是外在有神的教。

有人還在問：「老師，佛法不是產生於印度嗎？印度怎麼還是有神的教呢？」

其實，如果從考古、考據這個角度看，佛法從來就不是產生於印度。

那麼又說：「那佛法是不是大興於印度，然後唐玄奘到古印度取經，從古印度帶回來的佛法。」

也錯了，不是那麼回事。佛法既不產生於印度，後面也沒有流行於印度。佛法產生於尼泊爾，尼泊爾現在不是印度的，自古以來也沒有從屬於印度。而且佛法從來沒有在印度大興過，而是大興於現在的巴基斯坦、喀什米爾高原和阿富汗這一帶。也就是說，以前的西域指的是這一帶，而印度本體的宗教是婆羅門教，也就是現在的印度教，一直以來都是有神的宗教。佛法產生於尼泊爾，後面大興於巴基斯坦、阿富汗、喀什米爾一帶，其實就是反印度教的。

而佛教和印度教最大的區別就是，佛教是外面沒有神，印度教天天說外面有神，印度有多少種神呢？八萬四千種神，什麼都是神，猴子可以是神，一株植物、一片樹葉都可以是神，所有的星星都是神，太陽月亮也都是神，各種動物、貓狗都是神，看見什麼都拜，這就是印度教。在佛法裏這就是外道，向心外去求解脫、求圓滿，為什麼

佛法從印度消失了？是後來由於伊斯蘭教入侵，在整個印度大陸，包括喀什米爾高原一帶，用武力推行伊斯蘭教，不允許當地人信奉當地的宗教。但是印度教在印度本身根深蒂固，滅不了、同化不了，後興於尼泊爾、巴基斯坦、阿富汗一帶的佛教，就被伊斯蘭教同化了，或者被入侵了、改變了。

然而，佛教在大唐傳到中土以後，在中土生根發芽、茁壯成長。為什麼？因為佛教的一切唯心所造，包括心外無神這些觀念，都和中國文明完全契合。所以，佛法作為中國文明後來的一個分支，發揚光大，在中土達到了鼎盛，也就是在大唐的時候，開始興旺、開始興盛。

外道禪怎麼修？外道禪講究戒律，各種的方式的苦行，有的是日食一粒米，有的是終生禁欲等等。也是在透過戒、透過苦行，要得一種定。而所有的外道都是在哪裏修呢？都是在心外去修，心外就是在形上修，就認為四大五蘊都是真，這就是外道禪的特點。四大是組成身體的地、水、火、風，就是由這四大要素組成了整個物質的身體，這即是色。身體是如何形成的呢？其實就是四大五蘊和合而成。何為五蘊？心的作用是受、想、行、識。而人身是由什麼構成的？其實就是由四大——地、水、火、風構成，

此即為色身。色身結合心的功能，即統稱為五蘊，色、受、想、行、識，和合而成我的身體。

　　那何為外道呢？就是把我的身體，這四大五蘊當成真有，覺得是真。所以是在這上面去修，既然我的身體是真的，那神就是真實存在的，只是不同的四大五蘊形成了神的身體和神的心識。我的四大五蘊就是粗淺，心也是有漏之心，不完整、不圓滿、不微細；而神的四大五蘊要比我的精細，要比我的能力大，比我的威力大。為什麼外面有神？因為向內有我。我既然真實存在，外面的神就一定真實存在。

　　為什麼佛法告訴我們四大皆空？即是講這些四大五蘊都不是真實存在的，色身也不是真實存在的，悟的是空性，不空不是佛；執空觀與中觀，這才是佛。自身是四大五蘊和合而成，是個假象、是個虛影。既然我的身體是假象，那佛菩薩存在嗎？外面有個實體是佛菩薩、是上帝嗎？沒有。本質上，佛、神仙、上帝，其組成和我一個普通人的組成是一樣的，都是由最基本的粒子組成，本質上沒有什麼不一樣。所以，心外沒有上帝，因為都沒有我，這就是破了我執，知道沒有我，我只是四大五蘊和合而成的，破了我執即是小乘禪。

但是還沒有破法執。如果既破了我執，又破了法執就是大乘禪。何為最上乘禪？真的破除掉有意即差別，沒有欣上厭下之分，無我執無法執，真正能達到一種清清淨淨、戒體清淨的狀態，那就是涅槃，就能得到常樂我淨、圓滿、大解脫、大自在，這種狀態就是最上乘的禪。現在解讀的《六祖壇經》禪宗心法，就是告訴我們最上乘的禪是什麼、怎麼來的、怎麼修。

　　禪定的種類非常多，尤其是外道。外道為什麼在身體上起修？因為覺得身體是有、是真，比如中國的道家，修大小周天、元嬰、元神、陽神，這些是怎麼來的？這些都是外道禪，執著於我有，因為有肉體，我經過修行再轉化，然後昇華。還是在有這個基礎上起修，所以道家的修元嬰、修陽神、修大小周天，都是在身上、在色身上起修，然後在心識上，受、想、形、識這些方面有所轉變，這即是外道。

　　外道也講究定，讓色身起定、色身入定。外道禪的特點就是有入定、有住定、有出定。入定，即是我讓自己入定了；住定，就是這一定要定多長時間，這個過程是三天三夜，還是三年；然後我起定了，即是我出定了，這就是外道禪。為了得神通，為了昇仙，為了形體轉換成仙、白日飛昇，這都稱為外道禪。現在印度的印度教，修的都是

這個，向外去拜神，向內修身體，修的是色身。

修外道禪和修凡夫禪又有不同，佛法不建議我們去修外道禪。修外道禪即是走向了邪路，在一個假的色身上不斷的起修，你會修出問題。而外道禪又不講究世間的圓滿，只是在自己的身體上去摸索、去探討、去修。既不知道健康的本質，又放棄了對幸福的追求，把自己身體上的轉化當作終極的目標，心又無法關注於世間的事業，看似是向內修，其實因為你不知這個理，身、色其實都是外，你的眼睛不向著你的家庭，不向著美女、帥哥，不向著你的孩子，不向著你的事業，天天都是在修自己的身體，好像是向內讓自己昇華，其實不然，你還是在修外。

最後修外道禪究竟能得到什麼果呢？外道禪有很多禪定的功夫和苦行的功夫，如此能得到一些小神跡、小神通，但是並不究竟，離心甚遠，不通本質是空這個理，現在所流行的那些修氣功等各種功法，道家的各種修行方法，這都是屬於外道禪。又像現在那些瑜伽，其實都是在身體上起修，這也屬於外道禪，也都稱為小道。所謂心量大事，不行小道。而所謂凡、外、權、小，外道還不同於權，權是指權宜之道，是方便的接引法門，權不同於外。外道還是執著於外，執著於我的身體，執著於法術、神通，執著

於能不能呼風喚雨、撒豆成兵、把我的身體轉換，變成神仙、變成光體、變成金剛不壞，這即是外道，在身體上起修、起行。

所以，我們不怕從凡夫禪起修，可以在世間先求圓滿，然後再悟佛理得最上乘的禪，再去修最上乘的禪，那是腳踏實地的起修。但是，我們不建議修外道禪，那就是一條修行的錯誤道路，是一條歧路、一條邪路。我們建議從凡夫禪起修達到世間的圓滿，然後逐步昇華，再達到佛的境界，即是從世間到出世間的過程。

所以禪分三類，世間禪、出世間禪和出世間的上上禪。而禪定是六波羅蜜中最核心的樞紐。為什麼稱之為樞紐？因為禪定承上啟下，承前啟後，沒有禪定就一定沒有慧，慧其實也分好多種，下一冊我們繼續講解，有世間慧、出世間慧等等。就是你修什麼禪，引發什麼定，有什麼定就引發出什麼慧。所以禪定是承前啟後的樞紐，所謂承前，所有前面的四度布施、持戒、忍辱、精進，都是為了得第五度禪定；所謂啟後，即為什麼要得定，就是為了得後面的慧。因此稱之為承前啟後，前是因後是果，定是中間不可或缺的過程。

其實前四波羅蜜都是慧的助行，亦即是因，也稱為戒

學。第五、第六波羅蜜是果，而禪定波羅蜜亦稱為定學，智慧波羅蜜則稱為慧學。所以，六波羅蜜即是戒定慧三無漏學。在此講述修什麼禪得什麼定，修凡夫禪即得凡夫定，然後就得凡夫慧，最後享凡夫果，這是一條路；而修最上乘的禪得最上乘的定，然後得最上乘的慧，最後得最上乘的果，這即是「摩訶般若波羅蜜」，波羅蜜即是最上乘的果，亦即是到彼岸，般若就是最上乘的慧。

本冊講解摩訶般若波羅蜜，講的是如何具體修行，以及修行的層次，即是六度、六波羅蜜，修行是一條由凡入聖之路，由凡夫到達菩薩境界，再到佛的境界。本冊講解了三無漏學中的戒學和定學，即是由凡夫如何起修，由布施、持戒、忍辱起修，精進的、腳踏實地的修行，從而修得禪定。接著因定發慧，我們即進入了菩薩境界，即得般若智慧，亦即是出世間的圓滿大智慧，下一冊我們就從第六度智慧波羅蜜開始講授，而後再繼續講解十度中的後四度，即從菩薩境界如何到達佛境界的修行。

「摩訶般若波羅蜜，最尊最上最第一」，有緣再續。

明公啟示錄：
解密禪宗心法——《六祖壇經》般若品之三

作　　　者／范明公
出 版 贊 助／張閔・張志華
主　　　編／張閔
美 術 編 輯／申朗創意
責 任 編 輯／林孝蓁
企畫選書人／賈俊國

總 　 編 　 輯／賈俊國
副 總 編 輯／蘇士尹
編　　　輯／高懿萩
行 銷 企 畫／張莉滎・蕭羽猜・黃欣

發 　 行 　 人／何飛鵬
法 律 顧 問／元禾法律事務所王子文律師
出　　　版／布克文化出版事業部
　　　　　　台北市中山區民生東路二段 141 號 8 樓
　　　　　　電話：(02)2500-7008　傳真：(02)2502-7676
　　　　　　Email：sbooker.service@cite.com.tw
發　　　行／英屬蓋曼群島商家庭傳媒股份有限公司城邦分公司
　　　　　　台北市中山區民生東路二段 141 號 2 樓
　　　　　　書虫客服服務專線：(02)2500-7718；2500-7719
　　　　　　24 小時傳真專線：(02)2500-1990；2500-1991
　　　　　　劃撥帳號：19863813；戶名：書虫股份有限公司
　　　　　　讀者服務信箱：service@readingclub.com.tw
香港發行所／城邦（香港）出版集團有限公司
　　　　　　香港灣仔駱克道 193 號東超商業中心 1 樓
　　　　　　電話：+852-2508-6231　　傳真：+852-2578-9337
　　　　　　Email：hkcite@biznetvigator.com
馬新發行所／城邦（馬新）出版集團 Cité (M) Sdn. Bhd.
　　　　　　41, Jalan Radin Anum, Bandar Baru Sri Petaling,
　　　　　　57000 Kuala Lumpur, Malaysia
　　　　　　電話：+603- 9057-8822　　傳真：+603- 9057-6622
　　　　　　Email：cite@cite.com.my
印　　　刷／韋懋實業有限公司
初　　　版／2021 年 04 月
定　　　價／300 元
I S B N／978-986-5568-60-3
E I S B N／978-986-5568-62-7（EPUB）

城邦讀書花園　布克文化
www.cite.com.tw　www.sbooker.com.tw